UMA ANÁLISE DO NOVO REGIME
JURÍDICO DO DIVÓRCIO

CRISTINA M. ARAÚJO DIAS

Prof.ª Auxiliar da Escola de Direito da Universidade do Minho

UMA ANÁLISE DO NOVO REGIME JURÍDICO DO DIVÓRCIO

(LEI N.º 61/2008, DE 31 DE OUTUBRO)

ALMEDINA

UMA ANÁLISE DO NOVO REGIME JURÍDICO DO DIVÓRCIO

AUTOR
CRISTINA M. ARAÚJO DIAS

EDITOR
EDIÇÕES ALMEDINA. SA
Av. Fernão Magalhães, n.º 584, 5.º Andar
3000-174 Coimbra
Tel.: 239 851 904
Fax: 239 851 901
www.almedina.net
editora@almedina.net

PRÉ-IMPRESSÃO | IMPRESSÃO | ACABAMENTO
G.C. GRÁFICA DE COIMBRA, LDA.
Palheira – Assafarge
3001-453 Coimbra
producao@graficadecoimbra.pt

Maio, 2009

DEPÓSITO LEGAL
293477/09

Os dados e as opiniões inseridos na presente publicação são da exclusiva responsabilidade do(s) seu(s) autor(es).

Toda a reprodução desta obra, por fotocópia ou outro qualquer processo, sem prévia autorização escrita do Editor, é ilícita e passível de procedimento judicial contra o infractor.

Biblioteca Nacional de Portugal – Catalogação na Publicação

DIAS, Cristina M. Araújo

Uma análise do novo regime jurídico do divórcio : Lei nº 61/2008, de 31 de Outubro. – (Monografias)
ISBN 978-972-40-3854-4

CDU   347

NOTA PRÉVIA À 2.ª EDIÇÃO

Esgotada a 1.ª edição deste livro, impunha-se a publicação de nova edição que, não havendo alterações de fundo no tema em análise, poderia ser uma mera reimpressão. Porém, e em virtude de várias conferências efectuadas sobre o novo regime jurídico do divórcio, apercebi-me que certos pontos deveriam ser clarificados e outros desenvolvidos com mais pormenor (a competência do tribunal para decretar os divórcios por mútuo consentimento, as omissões legislativas e a desarticulação das novas soluções com outros preceitos legais, os problemas relativos à nova regulamentação das responsabilidades parentais, a exigibilidade do crédito compensatório, o âmbito de aplicação da lei e o regime transitório, etc.).

Aproveitei, assim, esta 2.ª edição para um aprofundamento da análise da Lei n.º 61/2008, de 31 de Outubro, sem, contudo, alterar o objectivo inicial deste estudo: ser uma primeira análise do regime jurídico do divórcio para os meus alunos de Direito da Família e servir de base de trabalho para os práticos do Direito.

NOTA PRÉVIA À 1.ª EDIÇÃO

A entrada em vigor da Lei n.º 61/2008, de 31 de Outubro, implica uma nova forma de encarar o divórcio e a própria relação matrimonial. A importância das alterações introduzidas ao regime até então vigente impõe uma análise crítica, mas objectiva, do novo regime jurídico do divórcio com vista à sua melhor compreensão.

O presente trabalho pretende ser apenas isso: um estudo breve e sucinto das principais alterações introduzidas no regime jurídico do divórcio. Teve por base a minha intervenção no Colóquio "Uma análise crítica do novo regime jurídico do divórcio", organizado pela APMJ e Universidade Católica – Porto, nos dias 23 a 25 de Outubro de 2008, e a preparação de outras sessões de estudo subordinadas ao novo regime jurídico do divórcio que se seguiram. Aprofundei depois o texto de forma a que pudesse auxiliar os meus alunos de Direito da Família na preparação da matéria relativa ao divórcio e, em geral, a comunidade jurídica que lida na prática com estas questões.

Esta análise visa, assim, ser uma primeira abordagem da lei que altera o regime jurídico do divórcio. Pretendi apenas, como disse, uma análise objectiva, uma exposição das alterações legislativas introduzidas ao regime jurídico do divórcio pela Lei n.º 61/ /2008, de 31 de Outubro. Pontualmente, porém, não pude deixar de manifestar a minha posição relativamente a certos pontos, mas sem qualquer outra pretensão que não a de, de alguma forma, auxiliar na interpretação da nova lei.

I. INTRODUÇÃO

A forma como o legislador regula o divórcio depende obviamente da concepção que tem do casamento. Se o casamento, além de simples contrato, é tido como verdadeira instituição familiar estável as causas de divórcio serão restritas e este mais difícil de obter; se, pelo contrário, o casamento se assume como mero contrato entre duas pessoas, o divórcio tenderá a ser facilitado. E isto é comprovado pela própria evolução legislativa do divórcio no direito português[1].

A "questão do divórcio", de saber se deve ou não admitir-se o divórcio, está em si ultrapassada[2]. A admissão do divórcio é consensual. A questão do divórcio, como referem Pereira Coelho e Guilherme de Oliveira, é hoje mais a dos seus efeitos, designadamente a da protecção aos filhos menores e ao ex-cônjuge que a dissolução do casamento tenha deixado em precária situação económica[3]. É precisamente com essas questões que a lei deveria preocupar-se em primeiro lugar, adoptando soluções que fossem justas

---

[1] V., entre outros, Patrícia Rocha, "O divórcio sem culpa", in AAVV, *Comemorações dos 35 anos do Código Civil e dos 25 anos da Reforma de 1977. Direito da Família e das Sucessões*, vol. I, Coimbra, Coimbra Editora, 2004, pp. 562-566, Eva Dias Costa, *Da relevância da culpa nos efeitos patrimoniais do divórcio*, Coimbra, Almedina, 2005, pp. 83 e segs., e Pereira Coelho/Guilherme de Oliveira, *Curso de Direito da Família*, vol. I, 4.ª ed., Coimbra, Coimbra Editora, 2008, pp. 590-59.

[2] V. sobre a "questão do divórcio", Pereira Coelho, *Curso de Direito da Família. Direito matrimonial*, tomo I, Coimbra, Atlântida Editora, 1965, pp. 436 e segs., e Eva Dias Costa, *ob. cit.*, pp. 15 e segs.

[3] Pereira Coelho/Guilherme de Oliveira, *ob. cit.*, pp. 588 e 589.

do ponto de vista dos efeitos do divórcio. A resposta a essa questão residirá na concepção que cada legislação tem do divórcio.

O instituto do divórcio costuma ser analisado na doutrina de acordo com três concepções distintas: o divórcio-sanção, o divórcio-remédio e o divórcio como simples constatação de ruptura do casamento.

Em termos gerais, pode dizer-se que no divórcio-sanção pressupõe-se a existência de um acto culposo de algum dos cônjuges e pretende sancionar o mesmo acto. O divórcio só seria admitido em situações de grave ofensa a um dos cônjuges e permitia ao cônjuge inocente sancionar, por via dos efeitos patrimoniais, o cônjuge culpado.

No divórcio-remédio o divórcio é considerado na mesma um mal, mas necessário, como um remédio para uma situação matrimonial insustentável. Já não pretende ser uma sanção para o cônjuge culpado mas um remédio para a crise conjugal.

Finalmente, na concepção do divórcio como simples constatação de ruptura do casamento este resulta da existência de uma situação de ruptura do casamento objectivamente considerada, independentemente da imputabilidade da situação a um ou outro dos cônjuges e independentemente da qualquer indagação de culpas.

Tendencialmente as legislações europeias têm abandonado a culpa como fundamento de divórcio, assentando este no princípio da simples constatação da ruptura do casamento[4]. Em todo o caso, a culpa ainda continua a ter algum relevo, quer quanto às causas quer quanto aos efeitos do divórcio, em alguns sistemas jurídicos de cariz continental[5] ou mesmo da *common law*. De referir ainda que o princípio da *clean break* tem sofrido algumas críticas, nomeadamente pelo facto de determinar resultados injustos depois do divórcio.

---

[4] Quanto às causas e efeitos do divórcio no direito comparado, v., Eva Dias Costa, *ob. cit.*, pp. 49 e segs.

[5] A legislação francesa, mesmo depois da revisão de 2005, manteve a culpa como fundamento do divórcio (arts. 229.º e 242.º e segs. do Código Civil francês).

Seguindo esta tendência a Lei n.º 61/2008, de 31 de Outubro, eliminou a culpa quer quanto às causas quer quanto aos efeitos do divórcio, sendo esta, aliás, a ideia principal que preside ao novo regime jurídico do divórcio.

"As noções de *culpa* e correspondente *sanção* que durante tanto tempo aprisionaram o instituto do *divórcio*, são cada vez mais incompreensíveis e injustificadas, quando comparadas com o conceito de conjugalidade actual – que o casamento não poderá ser considerado um vínculo jurídico indissolúvel e que apenas deve perdurar enquanto se mantiver a *affectio conjugalis*"[6]. É a tradução do divórcio como simples constatação da ruptura do casamento.

A exposição de motivos do projecto de lei n.º 509/X, na base dos Decretos n.ᵒˢ 232/X e 245/X, e da Lei n.º 61/2008, de 31 de Outubro, começa desta forma: *"Liberdade de escolha e igualdade de direitos e de deveres entre cônjuges, afectividade no centro da relação, plena comunhão de vida, cooperação e apoio mútuo na educação dos filhos, quando os houver, eis os fundamentos do casamento nas nossas sociedades.*

Daqui decorre a aceitação do divórcio e a gestão responsabilizada e colectivamente assumida das suas consequências. Com efeito, e decorrendo do princípio da liberdade, ninguém deve permanecer casado contra sua vontade ou se considerar que houve quebra do laço afectivo. O cônjuge tratado de forma desigual, injusta ou que atente contra a sua dignidade deve poder terminar a relação conjugal mesmo sem a vontade do outro. A invocação da ruptura definitiva da vida em comum deve ser fundamento suficiente para que o divórcio possa ser decretado.

Por outro lado, ponto chave é aquele que se refere às consequências do divórcio, sobretudo quando há filhos menores. Tendo como ponto de partida o reconhecimento dos direitos das crianças e os deveres dos pais, e diferenciando-se a relação conjugal da

---

[6] Fidélia Proença de Carvalho, "O conceito de culpa no divórcio – Crime e Castigo", in AAVV, *Comemorações dos 35 anos do Código Civil...*, cit., p. 589.

relação parental, o exercício das responsabilidades parentais deve ser estipulado de forma a que a criança possa manter relações afectivas profundas com o pai e com a mãe, bem como ser o alvo de cuidados e protecção por parte de ambos em ordem à salvaguarda do seu superior interesse".

O objectivo, como refere o projecto, é o de *"retomar o espírito renovador, aberto e moderno que marcou há quase 100 anos a I República, adequando a lei do divórcio ao século XXI, às realidades das sociedades modernas".* As alterações no regime jurídico do divórcio, que procuram acompanhar a evolução social, assumem-se em três planos fundamentais.

Em primeiro lugar, elimina-se a culpa como fundamento do divórcio sem o consentimento do outro, tal como ocorre na maioria das legislações da União Europeia, e alargam-se os fundamentos objectivos da ruptura conjugal.

Em segundo lugar, assume-se de forma explícita o conceito de responsabilidades parentais como referência central, afastando, assim, claramente a designação hoje desajustada de «poder paternal», ao mesmo tempo que se define a mudança no sistema supletivo do exercício das responsabilidades parentais e considerando ainda o seu incumprimento como crime.

Finalmente, e reconhecida a importância dos contributos para a vida conjugal e familiar dos cuidados com os filhos e do trabalho despendido no lar, consagra-se pela primeira vez na lei, e em situação de dissolução conjugal, que poderá haver lugar a um crédito de compensação em situação de desigualdade manifesta desses contributos.

O projecto em causa dá conta das alterações sociais que fundamentam as propostas apresentadas, acompanhadas de dados estatísticos. Relativamente à vida conjugal assiste-se a uma tendência para a *"sentimentalização, individualização e secularização".* Quanto à sentimentalização, os estudos concluem que os afectos estão no centro da relação conjugal e na relação pais-filhos. *"Não excluindo a existência de outras dimensões importantes da conjugalidade e da vida familiar, como a dimensão contratual, a económica e a patrimonial, que obviamente também é necessário ter em consideração, é, no entanto, inegável ser a dimensão afectiva o núcleo fundador e central da vida conjugal. Quanto às relações familiares entre pais e filhos, foi ficando cada vez mais claro que o bem-estar psico-emocional dos últimos passou a estar em primeiro plano".*

Ora, é o facto de a dimensão afectiva da vida se ter tornado tão decisiva para o bem-estar dos indivíduos que confere à conjugalidade particular relevo. Sendo esta decisiva para a felicidade individual, tolera-se mal o casamento que se tornou fonte persistente de mal--estar. Assim, e continua o projecto, *"é a importância do casamento e não a sua desvalorização que se destaca quando se aceita o divórcio. Daqui decorre também que importa evitar que o processo de divórcio, já de si emocionalmente doloroso, pelo que representa de quebra das expectativas iniciais, se transforme num litígio persistente e destrutivo com medição de culpas sempre difícil senão impossível de efectivar.*

É neste intuito que se propõe o afastamento do fundamento da culpa para o divórcio sem o consentimento do outro abandonando, de resto, a própria designação de divórcio litigioso".

Paralelamente, não pode esquecer-se que o divórcio pode ser fonte de injustiças e permitir que qualquer um dos cônjuges o requeresse sem mais poderia potenciar as mesmas. Por isso, nas consequências do divórcio está prevista a reparação de danos, bem como a existência de créditos de compensação quando houver manifesta desigualdade de contributos dos cônjuges para os encargos da vida familiar. *"Demonstração dessa necessidade de ao eliminar a culpa evitar a desprotecção é, aliás, o facto de este projecto de lei consagrar, de forma muito inovadora relativamente à legislação anterior, que a violação dos direitos humanos, designadamente a violência doméstica, constituírem fundamento para requerer o divórcio. Não é nesta situação, aliás, necessário esperar pelo período de um ano de ruptura de facto, para o requerer, na medida em que se considera que esse tipo de violações persistentes evidencia de forma óbvia a ruptura da vida em comum".*

Por seu lado, a individualização significa a liberdade de assumir para si, aceitando também para os outros, a escolha de modos próprios de encarar e viver a vida privada, e isto na esfera familiar. *"A afirmação da igualdade entre homens e mulheres é outro sinal da individualização que se reflecte de forma directa no casamento e o transforma numa ligação entre iguais. Maior liberdade na vida privada, mais margem de manobra individual quanto à condução da vida conjugal e familiar, maior afirmação dos direitos individuais numa relação entre pares centrada fundamentalmente nas lógicas afectivas, são adquiridos da modernidade. É claro que o novo modelo traz também problemas novos. A maior ocorrência do divórcio é um deles, mas também se pode falar de forma genérica de aumento do risco, da incerteza, das tensões ou dos conflitos de lealdade. São as contrapartidas cujos efeitos importa atenuar, sobretudo quando as partes em conflito estão em situações de clara assimetria*".

Finalmente, na secularização o que está em causa não é necessariamente o abandono das referências religiosas, mas antes uma retracção destas para esferas mais íntimas e com menos reflexos em outros aspectos da vida (denota-se, p. ex., na diminuição dos casamentos católicos).

É um facto que o divórcio aumentou nos últimos 40 anos nas nossas sociedades. E para isso contribuiu a recomposição social e económica que se traduziu, num primeiro momento, na desruralização das sociedades e no crescimento das classes médias. *"Para a grande maioria, nos diferentes sectores sociais, os aspectos estritamente patrimoniais passaram a desempenhar papel de menor relevo na família e no casamento. A lógica tradicional em que a família, em torno da figura do patriarca, decidia o casamento dos filhos – a família fundava o casamento – transforma-se no modelo de família conjugal moderna a partir do qual se define que é casamento que funda a família.*

Sociedades mais organizadas em torno do assalariamento dependem menos do património familiar para tomar decisões em torno da conjugalidade, têm mais liberdade para decidir. Foi uma mudança que se foi operando no decurso do século XX e que se aprofundou, afirmando novos contornos, nos seus últimos 40 anos.

Por outro lado, mudou a própria forma de encarar o casamento. Dada a centralidade dos afectos para o bem-estar dos indivíduos, passou a considerar-se que em caso de persistente desentendimento no casamento os indivíduos não seriam obrigados a manter a qualquer preço a instituição (...). Aceitar o divórcio passou a ser sinal, não de facilitismo, mas de valorização de uma conjugalidade feliz e conseguida. Voltar a casar ou à conjugalidade é, de resto, a prática da maioria dos divorciados nas nossas sociedades.

Por fim, passou a depender-se menos do casamento como modo de vida. A entrada progressiva das mulheres para o mercado de trabalho, fenómeno mais visível em Portugal desde o início dos anos 80, permite menor dependência do casamento como modo de vida, para ambos os cônjuges, e maior autonomia para acabar com situações persistentemente indesejáveis.

Sendo a ruptura conjugal, com muita frequência, um processo emocionalmente doloroso, a tendência tem sido também, ao nível legislativo, e nos países europeus que nos vão servindo de referência, para retirar a carga estigmatizadora e punitiva que uma lógica de identificação da culpa só pode agravar. Privilegia-se o mútuo acordo na ruptura conjugal. Incentiva-se ainda o recurso a formas de dirimir o conflito através da mediação familiar como solução de proximidade e no sentido de evitar arrastamentos judiciais penosos e desgastantes. Sempre que a modalidade do mútuo acordo seja impossível e não haja consentimento de uma das partes, a lei procura assentar em causas objectivas a demonstração da ruptura da vida em comum e a vontade de não a continuar.

Exige-se em contrapartida sempre, com acordo ou sem ele, rigor e equilíbrio na gestão das consequências do divórcio, sobretudo quando há crianças envolvidas ou situações de assimetria e fragilidade de uma das partes. Os direitos das crianças serão o referente aquando da regulação do exercício das responsabilidades parentais. Procura-se acautelar o não agravamento de situações de desigualdade e assimetria entre cônjuges, protegendo os mais fragilizados".

II. OS PONTOS-CHAVE DA ALTERAÇÃO LEGISLATIVA

Do referido resultam os pontos fulcrais em que assenta a presente reforma do regime jurídico do divórcio. Assim, pode destacar-se como alterações mais importantes face ao regime anterior: a divulgação dos serviços de mediação familiar para resolução dos conflitos e o desaparecimento das relações de afinidade no caso de divórcio; alterações na regulamentação do divórcio por mútuo consentimento (que passa a ser da competência do tribunal se os cônjuges não acordam quanto aos acordos complementares); a eliminação do divórcio litigioso assente na culpa (e o surgimento do divórcio sem consentimento); as consequências ao nível dos efeitos patrimoniais do divórcio da eliminação da culpa; a estipulação do exercício conjunto das responsabilidades parentais; o reconhecimento de um crédito compensatório ao cônjuge que contribuiu de forma consideravelmente superior para os encargos normais da vida familiar; e alterações no direito a alimentos entre ex-cônjuges.

São, por isso, estes os pontos que procurarei analisar.

III. A NOVA LEI

1. A mediação familiar e a afinidade

O legislador vem consagrar expressamente a mediação familiar no art. 1774.º[7]. Estimula-se a divulgação dos serviços de mediação familiar impondo uma obrigação de informação aos cônjuges, por parte das conservatórias e dos tribunais[8].

Artigo 1774.º
Mediação familiar

Antes do início do processo de divórcio, a conservatória do registo civil ou o tribunal devem informar os cônjuges sobre a existência e os objectivos dos serviços de mediação familiar.

A mediação familiar visa acompanhar os cônjuges na procura de uma decisão acerca do divórcio e das suas consequências para si e para os filhos. O mediador surge como um terceiro imparcial que procura auxiliar os cônjuges a encontrarem um equilíbrio de interesses com vista a um acordo.

---

[7] Sempre que no texto sejam citados artigos, sem indicação expressa do diploma a que pertencem, a menção reporta-se ao Código Civil.

[8] Como referem Pereira Coelho/Guilherme de Oliveira, *ob. cit.*, p. 662, "a crescente "privatização" do casamento, a "desformalização" do divórcio e a sua frequência crescente tenderão a desenvolver a mediação no nosso país, à semelhança do que tem acontecido no estrangeiro".

Os acordos que possam obter-se mediante a mediação podem vir a ser homologados ou aceites pelo tribunal ou valer apenas entre as partes (p. ex., os acordos relativos à partilha subsequente ao divórcio).

Em Portugal a mediação familiar está ainda a dar os primeiros passos. O Instituto Português de Mediação Familiar surgiu em 1990 e em 1997 constituiu-se a Associação Nacional para a Mediação Familiar, os dois de carácter privado. Ainda em 1997, a Ordem dos Advogados e o Ministério da Justiça celebraram um protocolo de colaboração e criou-se um Gabinete de Mediação Familiar, pelo Despacho n.º 12 368/97. As competências do gabinete limitavam-se às questões relativas ao poder paternal.

O Despacho n.º 18 778/2007, de 13 de Julho, criou o Sistema de Mediação Familiar (SMF). Pretendeu-se alargar a mediação a várias zonas do país, alargar as matérias susceptíveis de mediação e tornar o sistema flexível. Consta do referido despacho que o serviço público de mediação familiar funcionará em Almada, Amadora, Barreiro, Braga, Cascais, Coimbra, Leiria, Lisboa, Loures, Mafra, Oeiras, Porto, Seixal, Setúbal e Sintra. As matérias para as quais tem competência são o exercício do poder paternal, o divórcio e separação, a conversão da separação em divórcio, a reconciliação dos cônjuges separados, os alimentos, o uso dos apelidos e da casa de morada da família. Os mediadores deslocam-se aos referidos municípios na medida dos pedidos, geridos pelo Gabinete para a Resolução Alternativa dos Litígios (GRAL).

O funcionamento do serviço público não impede a constituição de serviços privados de mediação familiar[9].

Impõe-se também uma referência à alteração em matéria de relações de afinidade.

---

[9] Pereira Coelho/Guilherme de Oliveira, *ob. cit.*, pp. 661 e 662. Sobre a mediação familiar, v., António Farinha/C. Lavadinho, *Mediação Familiar e Responsabilidades Parentais*, Coimbra, Almedina, 1997, e António Farinha, "Relação entre a mediação familiar e os processos judiciais", *Direito da Família e Política Social*, Porto, Publicações Universidade Católica, 2001, pp. 193-203.

A manutenção das relações de afinidade depois da dissolução do casamento por divórcio justificava-se mal, dado que nesses casos, e ao contrário do que acontece no caso de dissolução por morte, a afinidade deixa de ter relevância social[10]. Refere mesmo a exposição de motivos do projecto de lei n.º 509/X que "a relevância social e jurídica da permanência destes vínculos, na sequência do divórcio, há muito que se apresentava mais do que duvidosa". Assim, a afinidade passa a cessar com a dissolução do casamento por divórcio:

Artigo 1585.º

[...]

A afinidade determina-se pelos mesmos graus e linhas que definem o parentesco e não cessa pela dissolução do casamento por morte.

A dúvida que pode colocar-se é a de saber, face ao disposto no art. 9.º da Lei n.º 61/2008, de 31 de Outubro, se a afinidade cessa por força da entrada em vigor da nova lei em relação a todos os casamentos já dissolvidos ou a dissolver ou se apenas cessa face aos casamentos a dissolver à luz da nova lei. E repare-se que a questão apresenta manifesto interesse dados os reflexos que tem ao nível dos impedimentos matrimoniais (art. 1602.º, al. *c*)).

O facto de o novo regime jurídico não se aplicar aos processos pendentes significaria que as relações de afinidade resultantes de casamentos já dissolvidos à luz da lei anterior manter-se-iam, e com isso a impossibilidade de se celebrarem casamentos entre afins na linha recta. Ora, o objectivo do legislador parece ter sido o de adaptar a lei à realidade, deixando de dar relevo legal a uma relação sem qualquer relevância social, regulando tal relação jurídica independentemente do facto que lhe deu origem. Parece-me, por isso, que a norma do art. 1585.º dispõe sobre o conteúdo da relação

---

[10] Neste sentido v., Pereira Coelho/Guilherme de Oliveira, *ob. cit.*, p. 47, referindo que a solução do art. 1585.º suscita *de iure condendo* as maiores reservas.

jurídica (afinidade), abstraindo do facto que lhe deu origem, estando, assim, abrangida pela 2.ª parte do n.º 2 do art. 12.º[11]. Assim, a cessação das relações de afinidade em caso de divórcio aplica-se aos casamentos já dissolvidos e a dissolver à luz da nova lei, sob pena de afectar o princípio da igualdade e tratar de forma desigual aquilo que é igual (e com consequências ao nível dos impedimentos matrimoniais). Imagine-se a seguinte hipótese: A, que tem um filho antes do casamento, C, resolve casar com B. Por seu lado, C casa com D. Anos mais tarde, mas ainda na vigência da lei anterior, B divorcia-se de A. Por outro lado, C divorcia-se de D já à luz da nova lei. A não aplicação do art. 1585.º a todos os casos de dissolução do casamento levaria a que C pudesse casar com B (pois cessou o impedimento da afinidade na linha recta), mas B não poderia casar com C pois mantinha-se o impedimento.

2. Abolição do divórcio com culpa

O regime vigente até à Lei n.º 61/2008, de 31 de Outubro, apresentava duas modalidades de divórcio: por mútuo consentimento e litigioso. O primeiro era requerido por ambos os cônjuges e o segundo era pedido por um deles contra o outro. A Lei n.º 61/2008, de 31 de Outubro, mantendo duas modalidades de divórcio, determina no art. 1773.º do Código Civil que o divórcio pode ser por mútuo consentimento ou sem consentimento de um dos cônjuges. O divórcio por mútuo consentimento pode ser requerido por ambos os cônjuges, de comum acordo, na conservatória do registo civil ou no tribunal se, neste caso, o casal não entrar em acordo quanto às questões relativas aos acordos complementares.

O divórcio sem consentimento de um dos cônjuges é requerido no tribunal por um dos cônjuges contra o outro, com algum dos fundamentos previstos no art. 1781.º, desaparecendo o divórcio liti-

---

[11] Tal como acontecia, p. ex., com as normas dos arts. 1671.º-1689.º do Código Civil de 1966 que se aplicavam aos casamentos já celebrados em 1 de Junho de 1967 (aliás, nos termos do art. 14.º do preâmbulo do Código Civil).

gioso assente em causas subjectivas. O divórcio pode ser requerido por qualquer dos cônjuges (art. 1785.º).

Como já referi, elimina-se a culpa como fundamento do divórcio sem o consentimento do outro, tal como ocorre na maioria das legislações da União Europeia, acabando com a própria designação de divórcio litigioso. O divórcio com fundamento na violação culposa dos deveres conjugais, nos termos do art. 1779.º vigente até à Lei n.º 61/2008, de 31 de Outubro, deixa de existir. A clássica forma de divórcio-sanção tem sido sistematicamente abandonada nos países europeus por ser, em si mesma, fonte de agravamento de conflitos anteriores, com prejuízo para os ex-cônjuges e para os filhos. Entende-se que o divórcio não deve ser uma sanção. O cônjuge que quiser divorciar-se e não conseguir atingir um acordo para a dissolução, terá de seguir o caminho do chamado «divórcio ruptura», por «causas objectivas». O divórcio assume-se, e bem, claramente como constatação da ruptura do casamento.

Por outro lado, não é só quanto às causas do divórcio que desaparece a culpa. Ao contrário do que acontecia anteriormente, o juiz nunca procurará determinar e graduar a culpa para aplicar sanções patrimoniais; afastam-se agora também estas sanções patrimoniais acessórias. As discussões sobre a culpa, e também sobre danos provocados por actos ilícitos, ficam alheias ao processo de divórcio. O que não quer dizer que as mesmas não sejam discutidas em processo autónomo. Aliás, e continuando a lei a prever os deveres conjugais nos arts. 1672.º e segs., e para evitar situações de injustiça, está prevista nas consequências do divórcio a reparação de danos, bem como a existência de créditos de compensação quando houver manifesta desigualdade de contributos dos cônjuges para os encargos da vida familiar. O problema é saber se isso será ou não vantajoso para os cônjuges e para o sistema jurídico em geral.

Com efeito, o cônjuge que se sinta lesado e que pretenda requerer uma indemnização terá de provar o preenchimento dos pressupostos da responsabilidade civil (arts. 483.º e segs.), quando bastaria provar a culpa do outro, pela violação dos deveres conjugais, para invocar certos efeitos patrimoniais. Por outro lado, terá de o provar em acção autónoma, implicando uma duplicação de processos judiciais relativos às mesmas partes e com julgadores diferentes (não seria preferível ser o juiz do Tribunal de Família que decreta o divórcio e que analisou melhor os factos a decidir também essa questão no decurso da mesma acção de divórcio?)[12]. É, por isso, legítima a preocupação manifestada pelo Presidente da República, no seu comunicado sobre a promulgação do diploma que altera o regime jurídico do divórcio ao referir que, em vez *"de diminuir a litigiosidade, o novo diploma a fará aumentar, transferindo-a para uma fase ulterior, subsequente à dissolução do casamento, com consequências gravosas para as partes envolvidas, sobretudo a que se encontra numa posição mais fragilizada, incluindo os filhos menores"*.

De referir também que, desaparecendo a referência à culpa nas consequências do divórcio, impõe-se a perda dos benefícios recebidos ou a receber do outro cônjuge ou de terceiro, em vista do casamento ou em consideração do estado de casado (art. 1791.º), por parte de ambos os cônjuges e não apenas o que seria declarado culpado. Ora, tratando-se de doações entre cônjuges a perda do benefício pode ocorrer dado o princípio da livre revogabilidade das referidas doações (art. 1765.º). Mas se se trata de doação de terceiro, este pode não querer que a doação reverta para os filhos do casamento, como prevê o n.º 2 do art. 1791.º, nem sequer que se dê a revogabilidade da mesma. A disposição legal parece atentar contra o princípio da autonomia privada e da liberdade contratual[13].

---

[12] Ao admitir a possibilidade de um cônjuge intentar uma acção de responsabilidade civil contra o outro afastam-se, por designação expressa da lei, os resquícios ainda existentes da teoria da fragilidade da garantia (para uma crítica à mesma teoria, v., Heinrich Ewald Hörster, "A Respeito da Responsabilidade Civil dos Cônjuges entre Si (ou: A Doutrina da "Fragilidade da Garantia" será Válida?)", *Scientia Iuridica*, tomo XLIV, n.º 253/255, 1995, pp. 113-124, Ângela Cerdeira, *Da responsabilidade civil dos cônjuges entre si*, Coimbra, Coimbra Editora, 2000, pp. 82 e segs., Cristina M. Araújo Dias, "Responsabilidade civil e direitos familiares conjugais (pessoais e patrimoniais)", *Scientia Iuridica*, tomo XLIX, n.ºs 286/288, 2000, pp. 351-374, e Pereira Coelho/Guilherme de Oliveira, *ob. cit.*, pp. 155-157.

[13] Esta "preocupação" foi manifestada por Heinrich Ewald Hörster, na sua intervenção relativa à responsabilidade civil dos cônjuges no Colóquio "Uma

De referir ainda que, revertendo a doação a favor do doador, deve considerar-se que o terceiro que tenha entretanto adquirido o bem em causa a um dos cônjuges não deve ser afectado pela reversão, o que, aliás, já se considerava à luz da anterior redacção. Nesse caso, não havendo a reversão da doação em espécie, dar-se-á em valor.

Repare-se que o legislador não articulou a nova redacção do art. 1791.º com os artigos relativos à caducidade das doações para casamento (art. 1760.º, n.º 1, al. *d*)) e das doações entre casados (art. 1766.º, n.º 1, al. *c*)), onde continua a fazer-se referência à caducidade das doações no caso de divórcio "por culpa do donatário, se este for considerado único ou principal culpado".

Por outro lado, e como já enunciei, pode o cônjuge lesado (e aqui há uma referência a uma existência de danos com culpa do outro cônjuge) requerer, nos termos gerais da responsabilidade civil e não na acção de divórcio, a reparação dos danos causados pelo outro cônjuge (art. 1792.º, n.º 1). Na acção de divórcio são apenas requeridos os danos não patrimoniais causados ao cônjuge pela dissolução do casamento requerida pelo outro cônjuge por alteração das faculdade mentais daquele (arts. 1792.º, n.º 2, e 1781.º, al. *b*))[14].

No parecer que elaborou face ao Decreto n.º 232/X, publicado no site *www.apmj.pt*, a Associação Portuguesa de Mulheres Juristas (APMJ) *"entende não ser justo que as mulheres vítimas de violência percam a indemnização pelos danos não patrimoniais causados pela dissolução do casamento, prevista no artigo 1792.º do C. C. para o cônjuge inocente, mas restringida, por este Decreto, ao cônjuge que sofre de alteração das suas faculdades mentais.*

---

análise crítica do novo regime jurídico do divórcio", organizado pela APMJ e Universidade Católica – Porto, nos dias 23 a 25 de Outubro de 2008.

[14] Sobre a indemnização pelos danos não patrimoniais causados pelo divórcio à luz da legislação anterior à Lei n.º 61/2008, de 31 de Outubro, v., Ângela Cerdeira, "Reparação dos danos não patrimoniais causados pelo divórcio", *in* AAVV, *Comemorações dos 35 anos do Código..., cit.*, pp. 605 e segs.

A lei penal e a indemnização cível a que têm direito, de acordo com as regras gerais da responsabilidade civil e penal, são insuficientes para satisfazer as suas necessidades de reparação.

As mulheres vítimas de violência doméstica precisam que o marido agressor seja declarado o único culpado pela dissolução do casamento, em que as mulheres investiram uma grande parte da sua vida, suportando danos psicológicos e mentais gravíssimos para o seu livre desenvolvimento, integridade e liberdade.

Em França, foram estes os motivos que conduziram à manutenção do divórcio litigioso por violação culposa dos deveres conjugais.

O desejo do poder político em desdramatizar e pacificar o divórcio com a abolição da noção de culpa não será realizado com esta lei, pois o conflito será deslocado para os processos de regulação das responsabilidades parentais, com maior prejuízo para as crianças do que aquele que já existe.

É certo que Portugal tem uma taxa muito reduzida de divórcios por violação culposa dos deveres conjugais, cerca de 6 % da totalidade dos divórcios. Mas tal valor não se deve à ausência de conflitualidade conjugal e de violência contra as mulheres nos processos de divórcio, mas antes ao facto de, nesta sede, a violência doméstica ser muito difícil de provar, sobretudo quando inexiste uma formação especializada da Magistratura e da Advocacia".

Finalmente, e ainda quanto às consequências do divórcio sem culpa, o art. 1790.º apresenta uma redacção que deixa algumas dúvidas por me parecer implicar restrições à autonomia privada e à liberdade contratual[15]. De facto, passa a dispor o artigo em causa que, em caso de divórcio, nenhum dos cônjuges pode na partilha receber mais do que receberia se o casamento tivesse sido celebrado segundo o regime da comunhão de adquiridos. Ou seja, impõe-se

---

[15] Dúvidas também levantadas no veto presidencial (*http://www.presidencia.pt*).

agora a partilha num regime diverso ao que os cônjuges podem ter estipulado (e entenda-se quando seja estipulado o regime de comunhão geral ou outro regime mais próximo da comunhão geral do que da comunhão de adquiridos) e com eventual prejuízo para o cônjuge que não foi o responsável pela dissolução, que não deu causa à ruptura do casamento.

A solução prevista no art. 1790.º na anterior redacção aplicava-se no caso de os cônjuges terem casado no regime de comunhão geral e quando tenha sido o cônjuge inocente a levar mais bens para o casamento e/ou a adquirir a título gratuito os bens de maior valor. Só assim o art. 1790.º era verdadeira sanção ao cônjuge declarado culpado no divórcio. Ora, desaparecendo qualquer referência ao divórcio-sanção e à culpa, a nova lei passa a impor a partilha de acordo com o regime de comunhão de adquiridos sempre que haja divórcio e os cônjuges casem em comunhão geral. Parece-me uma limitação sem justificação à liberdade contratual. E não se diga que se visou proteger o cônjuge mais desfavorecido, pois a lei não especifica isso e a solução aplica-se sempre, mesmo em benefício do cônjuge mais favorecido e que até pode ter dado causa à ruptura do casamento. Pense-se no caso de o cônjuge que requereu o divórcio até ser aquele que violou os deveres conjugais, mas levou mais bens para o casamento e adquiriu mais bens a título gratuito ao longo do mesmo. Não só obtém o divórcio como sai em vantagem face ao outro, pois a partilha será não de acordo com o regime que ambos acordaram mas de acordo com o regime de comunhão de adquiridos. A situação é mais injusta se o outro cônjuge não exerceu qualquer profissão ao longo do casamento e se dedicou ao trabalho doméstico e educação dos filhos e agora não vê a sua colaboração ser reconhecida ao nível do regime de bens subjacente à partilha. É evidente que o objectivo do legislador foi o de não permitir qualquer punição patrimonial a um dos cônjuges (mesmo o que seria culpado) com o divórcio e o outro cônjuge sempre pode requerer uma compensação pelo trabalho no lar, se for o caso, e como analisarei[16]. De todo o

---

[16] Refere isso mesmo o projecto de lei n.º 509/X: "Segue-se, neste ponto, o direito alemão, que evita que o divórcio se torne um meio de adquirir bens,

modo, manifesto as minhas dúvidas quanto à solução por atentar contra o princípio da autonomia privada e poder, no caso concreto, prejudicar o cônjuge que mais precisa de protecção.

Não posso concordar com o referido pelo Presidente da República, no seu veto, ao dizer que talvez fosse preferível manter o regime do divórcio culposo para evitar a desprotecção da parte mais fraca. De facto, a eventual protecção pode garantir-se de outra forma, sem ser necessário forçar um dos cônjuges a estar casado. Porém, já concordo com o referido veto quando refere que *"o desaparecimento da culpa como causa do divórcio não fará diminuir a litigiosidade conjugal e pós-conjugal, existindo boas razões para crer que se irá processar exactamente o inverso, até pelo aumento dos focos de conflito que o legislador proporcionou, quer no que se refere aos aspectos patrimoniais, quer no que se refere às responsabilidades parentais (...)"*.

E não se diga que eliminando-se a culpa na apreciação das causas do divórcio teria de se eliminar quanto aos seus efeitos, pois tal situação ocorre mesmo à luz do regime vigente até à Lei n.º 61/ /2008, de 31 de Outubro, quanto ao divórcio litigioso por causas objectivas. Ou seja, invocando-se uma das causas objectivas de divórcio do art. 1781.º, na anterior redacção, o juiz não tinha que saber quem era o culpado para decretar o divórcio, mas não deixava de aferir a culpa de um ou de ambos os cônjuges para efeitos do divórcio (v. os arts. 1782.º, n.º 2, 1783.º e 1787.º, na redacção anterior à Lei n.º 61/2008, de 31 de Outubro). Com a eliminação da apreciação do cônjuge culpado, ou pelo menos do responsável pela ruptura do casamento, quanto à determinação dos efeitos do divórcio pode gerar--se situações menos justas, sendo a solução legal, em comparação com a anteriormente vigente, a de considerar ambos os cônjuges como culpados (aplicando a solução que estava prevista para o cônjuge culpado)[17].

---

para além da justa partilha do que se adquiriu com o esforço comum na constância do matrimónio, e que resulta da partilha segundo a comunhão de adquiridos. Abandona-se o regime actual que aproveita o ensejo para premiar um inocente e castigar um culpado".

[17] Também Eva Dias Costa, *ob. cit.*, p. 146, considera que a culpa pode manter alguma relevância, não em termos de avaliação e castigo da conduta

De referir ainda que, desaparecendo a culpa, o n.º 2 do art. 1789.º, quanto ao momento a partir do qual se podem produzir os efeitos do divórcio, passa a determinar que se a separação de facto entre os cônjuges estiver provada no processo, qualquer deles pode requerer que os efeitos do divórcio retroajam à data, que a sentença fixará, em que a separação tenha começado.

O art. 9.º da Lei n.º 61/2008, de 31 de Outubro, relativo ao âmbito de aplicação da norma, pode colocar alguns problemas face à nova redacção dos arts. 1790.º, 1791.º e 1792.º. O novo regime não se aplica aos processos pendentes em tribunal, ou seja, só se aplica aos novos processos, instaurados depois da entrada em vigor da mencionada lei. Ora, pode acontecer que o divórcio tenha sido decretado à luz da lei anterior mas a partilha dos bens comuns, p. ex., já é intentada à luz da nova lei (e o mesmo se diga em relação às acções mencionadas nos outros artigos referidos). Quer isto dizer que se aplica a nova lei a essas novas acções directamente relacionadas com a acção de divórcio decretada à luz da lei antiga? Não posso concordar com este entendimento, tanto mais que à luz da lei anterior o tribunal pronunciava-se sempre quanto à culpa dos cônjuges, independentemente da causa do divórcio. Os arts. 1790.º, 1791.º e 1792.º regulam as consequências do divórcio independentemente de qualquer juízo sobre a culpa. Não podem, por isso, aplicar-se a divórcios que a supõem. Assim, ainda que possa tratar-se de novas acções deverá, por estarem directamente relacionadas com divórcios decretados à luz da lei anterior, aplicar-se a lei antiga.

3. O divórcio por mútuo consentimento

Mantêm-se as duas modalidades de divórcio, ainda que com diferente designação: por mútuo consentimento e sem consentimento. Começarei pelas alterações introduzidas ao primeiro.

---

passada, mas em critérios de *welfare*, da obtenção da melhor repartição dos custos pessoais e patrimoniais, para as partes envolvidas e para a sociedade, em geral, do divórcio.

Sabe-se que o divórcio por mútuo consentimento é um divórcio requerido por ambos os cônjuges de comum acordo, sem necessidade de revelar a causa do mesmo (sem causa revelada), mas onde os cônjuges devem acordar sobre o exercício das responsabilidades parentais, o destino da casa de morada da família e a prestação de alimentos ao cônjuge que deles careça. Estes acordos complementares ao próprio acordo quanto ao divórcio mantêm-se, mas há também aqui alterações.

Elimina-se a necessidade de fazer uma tentativa de conciliação nos processos de divórcio por mútuo consentimento, por se entender que tal exigência legal não tem eficácia quando os cônjuges estão de acordo quanto à dissolução do casamento.

Por outro lado, os cônjuges não terão de alcançar acordos complementares como requisito do divórcio, como hoje acontece; a dissolução do casamento depende apenas do mútuo acordo sobre o próprio divórcio. Mas, faltando algum dos acordos complementares, o pedido de divórcio tem de ser apresentado no tribunal para que, além de determinar a dissolução com base no mútuo consentimento, o juiz decida as questões sobre que os cônjuges não conseguiram entender-se, como se se tratasse de um divórcio sem consentimento de um dos cônjuges.

A) Na conservatória

O divórcio por mútuo consentimento passa a reger-se pelos arts. 1775.º a 1778.º, sendo da competência da conservatória do registo civil quando os cônjuges acordem, além do divórcio, quanto ao exercício das responsabilidades parentais, a prestação de alimentos ao cônjuge que deles careça e ao destino da casa de morada de família. Salvo quando se venha estipular o contrário, entende-se que os acordos se destinam tanto ao período da pendência do processo como ao período posterior.

Artigo 1775.º
Requerimento e instrução do processo na conservatória do registo civil

1 – O divórcio por mútuo consentimento pode ser instaurado a todo o tempo na conservatória do registo civil, mediante requerimento assinado pelos cônjuges ou seus procuradores, acompanhado pelos documentos seguintes:
   a) Relação especificada dos bens comuns, com indicação dos respectivos valores, ou, caso os cônjuges optem por proceder à partilha daqueles bens nos termos dos artigos 272.º-A a 272.º-C do Decreto-Lei n.º 324/2007, de 28 de Setembro, acordo sobre a partilha ou pedido de elaboração do mesmo;
   b) Certidão da sentença judicial que tiver regulado o exercício das responsabilidades parentais ou acordo sobre o exercício das responsabilidades parentais quando existam filhos menores e não tenha previamente havido regulação judicial;
   c) Acordo sobre a prestação de alimentos ao cônjuge que deles careça;
   d) Acordo sobre o destino da casa de morada de família;
   e) Certidão da escritura da convenção antenupcial, caso tenha sido celebrada.

2 – Caso outra coisa não resulte dos documentos apresentados, entende-se que os acordos se destinam tanto ao período da pendência do processo como ao período posterior.

Artigo 1776.º
Procedimento e decisão na conservatória do registo civil

1 – Recebido o requerimento, o conservador convoca os cônjuges para uma conferência em que verifica o preenchimento dos pressupostos legais e aprecia os acordos referidos nas alíneas a), c) e d) do n.º 1 do artigo anterior, convidando os cônjuges a alterá-

-los se esses acordos não acautelarem os interesses de algum deles ou dos filhos, podendo determinar para esse efeito a prática de actos e a produção da prova eventualmente necessária, e decreta, em seguida, o divórcio, procedendo-se ao correspondente registo, salvo o disposto no artigo 1776.º-A.

2 – É aplicável o disposto no artigo 1420.º, no n.º 2 do artigo 1422.º e no artigo 1424.º do Código de Processo Civil, com as necessárias adaptações.

3 – As decisões proferidas pelo conservador do registo civil no divórcio por mútuo consentimento produzem os mesmos efeitos das sentenças judiciais sobre idêntica matéria.

Artigo 1776.º-A
Acordo sobre o exercício das responsabilidades parentais

1 – Quando for apresentado acordo sobre o exercício das responsabilidades parentais relativo a filhos menores, o processo é enviado ao Ministério Público junto do tribunal judicial de 1.ª instância competente em razão da matéria no âmbito da circunscrição a que pertença a conservatória, para que este se pronuncie sobre o acordo no prazo de 30 dias.

2 – Caso o Ministério Público considere que o acordo não acautela devidamente os interesses dos menores, podem os requerentes alterar o acordo em conformidade ou apresentar novo acordo, sendo neste último caso dada nova vista ao Ministério Público.

3 – Se o Ministério Público considerar que o acordo acautela devidamente os interesses dos menores ou tendo os cônjuges alterado o acordo nos termos indicados pelo Ministério Público, segue-se o disposto na parte final do n.º 1 do artigo anterior.

4 – Nas situações em que os requerentes não se conformem com as alterações indicadas pelo Ministério Público e mantenham o propósito de se divorciar, aplica-se o disposto no artigo 1778.º.

Artigo 1778.º
Remessa para o tribunal

Se os acordos apresentados não acautelarem suficientemente os interesses de um dos cônjuges, e ainda no caso previsto no n.º 4 do artigo 1776.º-A, a homologação deve ser recusada e o processo de divórcio integralmente remetido ao tribunal da comarca a que pertença a conservatória, seguindo-se os termos previstos no artigo 1778.º-A, com as necessárias adaptações.

A redacção do art. 1776.º-A corresponde quase integralmente ao art. 14.º do Dec.-Lei n.º 272/2001, de 13 de Outubro, que também remete o processo de divórcio por mútuo consentimento intentado na conservatória, para apreciação do acordo relativo ao exercício das responsabilidades parentais, ao Ministério Público junto do tribunal judicial de 1.ª instância competente em razão da matéria da circunscrição a que pertence a conservatória, ou seja, para o tribunal de família e menores. Pelo contrário, no caso previsto no n.º 4 do mesmo art. 1776.º-A (quando os requerentes não se conformem com as alterações indicadas pelo Ministério Público), que remete para o art. 1778.º (que regula o caso de os acordos apresentados não serem homologados pelo conservador), o tribunal competente é o tribunal de comarca. É este que, no final, acaba por decidir as questões relativas aos acordos, nomeadamente o relativo às responsabilidades parentais. E no art. 1778.º-A já parece que a competência para decretar o divórcio por mútuo consentimento é do tribunal de família e menores.

Parece-me que o legislador deveria ter uniformizado a regulamentação do tribunal competente para estas matérias, além de que não se compreende a atribuição de competência ao tribunal de comarca, uma vez que são os tribunais de família e menores aqueles que devem decidir estas matérias (arts. 114.º e 115.º da L.O.F.T.J., Lei n.º 52/2008, de 28 de Agosto).

B) No tribunal

Se os cônjuges, querendo o divórcio, não conseguirem chegar a acordo quanto às questões complementares, o requerimento de divórcio por mútuo consentimento deve ser apresentado no tribunal. Cabe ao juiz fixar as consequências do divórcio quanto ao exercício das responsabilidades parentais, a prestação de alimentos ao cônjuge que deles careça e o destino da casa de morada da família como se se tratasse de um divórcio sem consentimento de um dos cônjuges. Isto significa que, sendo o divórcio requerido por ambos os cônjuges, o tribunal terá de ouvir cada uma das partes quanto à sua pretensão relativamente às matérias em relação às quais não haja acordo. Para isso, e uma vez que o tribunal terá de fixar as consequências do divórcio como se se tratasse de um divórcio sem consentimento (art. 1778.º-A, n.º 3)[18], terá de realizar uma conferência. Portanto, apesar de não se prever agora uma conferência para tentativa de conciliação, aquela deverá realizar-se não para esse fim mas para ouvir as partes quanto aos assuntos em causa.

Repare-se que só depois de estabelecer os referidos acordos ou de decidir tais matérias o juiz decreta o divórcio (v., n.º 5).

De referir ainda que o acordo quanto à partilha dos bens comuns está excluído da decisão do tribunal. De facto, e apesar da deficiente redacção legislativa, o art. 1778.º-A, n.ºs 1 e 3, ao remeterem para o n.º 1 do art. 1775.º, não deve incluir o acordo para partilha dos bens à luz dos arts. 272.º-A a 272.º-C do Dec.-Lei n.º 324/2007, de 28 de Setembro. Além de esse acordo ser facultativo, essa partilha apenas está prevista para o divórcio por mútuo consentimento administrativo, realizando-se em acto imediatamente ulterior ao decretamento do divórcio na conservatória. Não está, por isso, prevista tal partilha para os casos de divórcio por mútuo consentimento nos tribunais.

Artigo 1778.º-A
Requerimento, instrução e decisão do processo no tribunal

1 – O requerimento de divórcio é apresentado no tribunal, se os cônjuges não o acompanharem de algum dos acordos previstos no n.º 1 do artigo 1775.º.

---

[18] Ou seja, independentemente do acordo, sendo este irrelevante para a decisão do tribunal.

2 – Recebido o requerimento, o juiz aprecia os acordos que os cônjuges tiverem apresentado, convidando-os a alterá-los se esses acordos não acautelarem os interesses de algum deles ou dos filhos.
3 – O juiz fixa as consequências do divórcio nas questões referidas no n.º 1 do artigo. 1775.º sobre que os cônjuges não tenham apresentado acordo, como se se tratasse de um divórcio sem consentimento de um dos cônjuges.
4 – Tanto para a apreciação referida no n.º 2 como para fixar as consequências do divórcio, o juiz pode determinar a prática de actos e a produção da prova eventualmente necessária.
5 – O divórcio é decretado em seguida, procedendo-se ao correspondente registo.
6 – Na determinação das consequências do divórcio, o juiz deve sempre não só promover, mas também tomar em conta o acordo dos cônjuges.

Os tribunais readquirem, assim, competência para decretar o divórcio por mútuo consentimento ainda que sujeito a estas circunstâncias. Na realidade, e apesar de os cônjuges pretenderem ambos o divórcio, o processo corre nos tribunais como se se tratasse de um divórcio sem consentimento, dado que o tribunal terá que julgar o litígio entre os cônjuges quanto aos acordos indispensáveis para o decretamento do divórcio. Aliás, e abolindo-se a culpa como fundamento do divórcio e o divórcio litigioso, esta situação de divórcio por mútuo consentimento decretada no tribunal assemelha-se ao pedido unilateral de divórcio com base na ruptura definitiva do casamento (art. 1781.º, al. *d*)).

Portanto, o divórcio por mútuo consentimento poderá agora ser decretado pelo tribunal em três hipóteses distintas: no caso em que os cônjuges não apresentem algum dos acordos a que se refere o n.º 1 do art. 1775.º do Código Civil[19], no caso em que algum dos

---

[19] Repare-se que, na verdade, e como referiu Nuno de Salter Cid na sua intervenção relativa à casa de morada da família no Colóquio "Uma análise crítica do novo regime jurídico do divórcio", organizado pela APMJ e Universidade Católica – Porto, nos dias 23 a 25 de Outubro de 2008, não é preciso que haja

acordos apresentados não seja homologado ou no caso resultante de acordo obtido no âmbito de processo de divórcio sem consentimento do outro cônjuge (v., nova redacção dada à al. b) do n.º 1 do art. 12.º do Decreto-Lei n.º 272/2001, de 13 de Outubro, pela Lei n.º 61//2008, de 31 de Outubro).

Uma última nota neste ponto, para referir que deveria ter-se previsto a hipótese de recurso da decisão do tribunal nas matérias referidas no n.º 1 do art. 1775.º, em relação às quais o tribunal se pronuncia para decretar o divórcio por mútuo consentimento.

4. O divórcio sem consentimento (suas causas)

Como já referi, elimina-se a modalidade de divórcio por violação culposa dos deveres conjugais, entendendo-se que o divórcio não deve ser uma sanção. Como se diz na exposição de motivos do projecto de lei já referido, *"o cônjuge que quiser divorciar-se e não conseguir atingir um acordo para a dissolução, terá de seguir o caminho do chamado «divórcio ruptura», por «causas objectivas», designadamente a separação de facto"*.

Ao contrário do que acontecia até à entrada em vigor da Lei n.º 61/2008, de 31 de Outubro, o juiz nunca procurará determinar e graduar a culpa para aplicar sanções patrimoniais, como já o disse, regulando a lei as consequências patrimoniais do divórcio independentemente da culpa. As discussões sobre a culpa, e também sobre danos provocados por actos ilícitos, ficam alheias ao processo de divórcio. São, por isso, revogados os arts. 1780.º, 1782.º, n.º 2, 1783.º, 1786.º e 1787.º.

---

todos os acordos referidos no n.º 1 do art. 1775.º. O que se pretende dizer é que os cônjuges devem acordar sobre o exercício das responsabilidades parentais, sobre a eventual prestação de alimentos ao cônjuge e sobre o destino da casa de morada da família. O acordo relativo à partilha só será exigido se os cônjuges optarem por proceder à partilha dos bens comuns nos termos dos artigos 272.º--A a 272.º-C do Decreto-Lei n.º 324/2007, de 28 de Setembro (acordo sobre a partilha ou pedido de elaboração do mesmo).

Apesar da eliminação da expressão "divórcio litigioso" e a sua substituição por "divórcio sem consentimento" continuam a existir várias disposições legais onde a anterior expressão se mantém, não tendo sido objecto de alteração legislativa. Veja-se, p. ex., o art. 1829.º ou a subsecção III da secção I do capítulo XII do livro IV do Código Civil. E o mesmo pode dizer-se em relação à expressão "poder paternal" substituída pela de "responsabilidade parental" pela Lei n.º 61/2008, de 31 de Outubro. Ao poder paternal continuam a referir-se as normas da OTM.

Quanto aos fundamentos desta modalidade de divórcio mantêm-se os relativos às causas objectivas – separação de facto, alteração das faculdades mentais quando, pela sua gravidade, comprometa a possibilidade de vida em comum, e ausência sem que do ausente haja notícias –, mas encurtam-se para um ano os prazos de relevância de tais fundamentos.

Por outro lado, pode ler-se na exposição de motivos do projecto de lei em análise, *"se o sistema do «divórcio ruptura» pretende reconhecer os casos em que os vínculos matrimoniais se perderam independentemente da causa desse fracasso, não há razão para não admitir a relevância de outros indicadores fidedignos da falência do casamento. Por isso, acrescenta-se uma cláusula geral que atribui relevo a outros factos que mostram claramente a ruptura manifesta do casamento, independentemente da culpa dos cônjuges e do decurso de qualquer prazo. O exemplo típico, nos sistemas jurídicos europeus, é o da violência doméstica – que pode mostrar imediatamente a inexistência da comunhão de vida própria de um casamento".*

A necessidade de introdução da violência doméstica como causa autónoma de divórcio que consubstanciasse a ruptura do casamento foi defendida pela APMJ, no parecer já citado. Ao não considerar expressamente a violência doméstica caberá a cada juiz apreciar a mesma em função da "ruptura definitiva do casamento" a que se refere a al. *d*) do art. 1781.º, podendo desvalorizar-se factos que são qualificados pela lei penal como crime e não se acautelarem devidamente os direitos das mulheres vítimas de violência doméstica.

Assim, pode ler-se no referido parecer: *"O Preâmbulo do projecto-lei n.º 509/X afirmava que a violência doméstica estava prevista como fundamento para requerer o divórcio. Contudo, em artigo algum do Decreto n.º 232/X ou do Projecto n.º 509//X se encontra qualquer referência expressa à violência doméstica.*

Sabe-se hoje que a violência no casal é, predominantemente, uma violência dos homens sobre as mulheres. Em Inglaterra, pensa-se que é um factor determinante em um em cada três divórcios. E em França, 70% dos autores do divórcio litigioso por violação culposa dos deveres conjugais são mulheres. Em Portugal inexistem estudos que possam quantificar esta realidade, porém, tudo aponta para que tal também aqui ocorra.

Na opinião da **Associação Portuguesa de Mulheres Juristas***, um sistema que suprima o divórcio litigioso por violação culposa dos deveres conjugais não pode deixar de prever expressamente a violência doméstica contra as mulheres e os maus-tratos às crianças, como causas de divórcio sem o consentimento do outro cônjuge.*

Caso contrário, a lei está a contribuir para a invisibilidade do fenómeno da violência e para a perpetuação da discriminação das mulheres e das crianças, continuando o Código Civil a reflectir a concepção tradicional de família como "santuário" e a imunidade do agressor.

Não é apenas a lei penal a única importante para as mulheres e crianças vítimas de crime dentro da família.

Também a lei civil, em particular o Direito da Família, tem que reflectir a sua situação de fragilidade e de injustiça, assim como o seu sofrimento, contendo medidas de protecção das mulheres e das crianças, que além de efeitos práticos terão um efeito simbólico importante na alteração de mentalidades.

A violência contra as mulheres e as crianças não pode ser discutida apenas nos Tribunais Criminais, deve também ser apreciada nos Tribunais de Família. Caso contrário, corre-se o risco de, no regime de exercício das responsabilidades parentais, as mulheres que, em sede de processo criminal não viram apreciada aquela situação, serem obrigadas a ter que entrar em contacto com o agressor para tomada de decisões em relação aos filhos, colocando-os em perigo, num regime de visitas forçado, e sendo, ainda, perseguidas penalmente por crime de subtracção de menores, tal como tipificado pelo art. 249.º, n.º 1 al. c) do C. Penal, na redacção proposta pelo diploma em apreço.

*A **Associação Portuguesa de Mulheres Juristas** entende, ainda que o Preâmbulo deste diploma está inquinado de um grave erro conceptual. Pois que, aí se afirma que a violência doméstica, como causa de divórcio, está incluída na cláusula geral, que atribui relevo a outros factos constitutivos de ruptura de vida em comum, independentemente de culpa dos cônjuges e do decurso de qualquer prazo.*

Ora, a ruptura da vida em comum é uma causa objectiva de divórcio, logo, independente de culpa. E sempre a lei e a doutrina distinguiram entre causas objectivas de divórcio, que não dependem da culpa, mas representam uma ruptura da vida em comum, e as causas subjectivas, que dependem de culpa.

*Entende a **Associação Portuguesa de Mulheres Juristas** que, face ao princípio da unidade do sistema jurídico, não é possível afirmar que a violência doméstica é um facto ilícito – civil e penal – e não obstante incluí-lo no elenco das causas objectivas de divórcio, ou seja das que ocorrem independentemente de culpa, não constituindo, assim, um facto culposo.*

A não ser, naturalmente, que se considere que a vitimação por violência doméstica constitui, para as mulheres, um risco inerente ao casamento, sem culpa de ninguém...!!!!

A afirmação, também constante do Preâmbulo do Projecto--Lei n.º 509/X, segundo a qual não é possível medir as culpas numa ruptura de um casamento, refere-se apenas ao casamento entre iguais, em que não há violação dos direitos fundamentais de nenhum dos cônjuges e em que uma ou ambas as partes, por perda de afecto, deixam de ver o casamento como fonte de realização pessoal.

Mas não é possível enquadrar a violência doméstica nesta afirmação, sob pena de relativizar o fenómeno e de o atribuir à responsabilidade de ambos os cônjuges. As mulheres vítimas de violência doméstica, culpadas pelo agressor de todos os problemas familiares, precisam que, nos processos de divórcio, os Tribunais de Família reconheçam o seu sofrimento e a culpa do agressor.

As vítimas de violência doméstica estão na situação das vítimas de tortura e a injustiça que sofreram não pode ser ignorada nem na regulamentação jurídica do divórcio, nem pelos Tribunais de Família.

*A **Associação Portuguesa de Mulheres Juristas** entende que o desejo do poder político de construir uma sociedade moderna não pode permitir o apagamento da realidade social e desproteger as vítimas de violência, assim como desconsiderar o seu sofrimento e as suas necessidades de reparação".*

Artigo 1779.º
Tentativa de conciliação; conversão do divórcio sem consentimento de um dos cônjuges em divórcio por mútuo consentimento

1 – No processo de divórcio sem consentimento de um dos cônjuges haverá sempre uma tentativa de conciliação dos cônjuges.

2 – Se a tentativa de conciliação não resultar, o juiz procurará obter o acordo dos cônjuges para o divórcio por mútuo consentimento; obtido o acordo ou tendo os cônjuges, em qualquer altura do processo, optado por essa modalidade do divórcio, seguir-se-ão os termos do processo de divórcio por mútuo consentimento, com as necessárias adaptações.

Artigo 1781.º
Ruptura do casamento

São fundamento do divórcio sem consentimento de um dos cônjuges:

a) A separação de facto por um ano consecutivo;

b) A alteração das faculdades mentais do outro cônjuge, quando dure há mais de um ano e, pela sua gravidade, comprometa a possibilidade de vida em comum;
c) A ausência, sem que do ausente haja notícias, por tempo não inferior a um ano;
d) Quaisquer outros factos que, independentemente da culpa dos cônjuges, mostrem a ruptura definitiva do casamento.

Artigo 1785.º

[...]

1 – O divórcio pode ser requerido por qualquer dos cônjuges com o fundamento das alíneas a) e d) do artigo 1781.º; com os fundamentos das alíneas b) e c) do mesmo artigo, só pode ser requerido pelo cônjuge que invoca a alteração das faculdades mentais ou a ausência do outro.

2 – Quando o cônjuge que pode pedir o divórcio estiver interdito, a acção pode ser intentada pelo seu representante legal, com autorização do conselho de família; quando o representante legal seja o outro cônjuge, a acção pode ser intentada, em nome do titular do direito de agir, por qualquer parente deste na linha recta ou até ao terceiro grau da linha colateral, se for igualmente autorizado pelo conselho de família.

3 – O direito ao divórcio não se transmite por morte, mas a acção pode ser continuada pelos herdeiros do autor para efeitos patrimoniais, se o autor falecer na pendência da causa; para os mesmos efeitos, pode a acção prosseguir contra os herdeiros do réu.

Fundamentalmente a principal alteração legislativa reside na eliminação das causas subjectivas de divórcio, mantendo-se a apreciação do juiz do caso concreto para preencher os conceitos indeterminados referidos na lei, nomeadamente para a determinação do que seja a "ruptura definitiva do casamento". De facto, podem aqui caber todos os factos que demonstrem tal ruptura, ou seja, será necessário formar o mesmo juízo que o tribunal fazia do comprometimento da vida em comum para efeitos do art. 1779.º agora revogado.

5. O exercício conjunto das responsabilidades parentais nas questões de particular importância para a vida do filho

A Lei n.º 61/2008, de 31 de Outubro, no seu art. 3.º, determina o desaparecimento da designação «poder paternal», substituindo-a pelo conceito de «responsabilidades parentais», traduzindo uma mudança conceptual relevante. Como se referia na exposição de motivos do projecto de lei n.º 509/X, ao substituir uma designação por outra muda-se o centro da atenção: ele passa a estar não naquele que detém o «poder» – o adulto, neste caso – mas naqueles cujos direitos se querem salvaguardar, ou seja, as crianças.

A designação anterior supunha um modelo implícito que apontava para o sentido de posse, manifestamente desadequado num tempo em que se reconhece cada vez mais a criança como sujeito de direitos. Mesmo considerando o poder paternal como um poder//dever, é uma especificação técnica que desaparece no uso quotidiano, permitindo-se assim que na linguagem comum se façam entendimentos e conotações antigas e desajustadas.

Em segundo lugar, deve ser do ponto de vista das crianças e dos seus interesses, e, portanto, a partir da responsabilidade dos adultos, que se definem as consequências do divórcio. Também assim se evidencia a separação entre relação conjugal e relação parental, assumindo-se que o fim da primeira não pode ser pretexto para a ruptura da segunda. *"O divórcio dos pais não é o divórcio dos filhos e estes devem ser poupados a litígios que ferem os seus interesses, nomeadamente se forem impedidos de manter as relações afectivas e as lealdades tanto com as suas mães como com os seus pais".*

Vale a pena sublinhar, por último, que a designação agora proposta acompanha as legislações da maioria dos países europeus.

Acrescenta ainda a exposição de motivos em causa que *"a imposição do exercício conjunto das responsabilidades parentais para as decisões de grande relevância da vida dos filhos decorre ainda do respeito pelo princípio do interesse da criança. Também aqui se acompanha a experiência da jurisprudência e a legislação vigente em países que, por se terem há mais tempo confrontado com o aumento do divórcio, mudaram o regime de exercício das responsabilidades parentais da guarda única para a guarda conjunta. Isso aconteceu por terem sido verificados os efeitos perversos da guarda única, nomeadamente pela tendência de maior afastamento dos pais homens do exercício das suas responsabilidades parentais e correlativa fragilização do relacionamento afectivo com os seus filhos (...). Impõem-se o exercício conjunto das responsabilidades parentais, salvo quando o tribunal entender que este regime é contrário aos interesses do filho. O exercício conjunto, porém, refere-se apenas aos «actos de particular importância»; a responsabilidade pelos «actos da vida quotidiana» cabe exclusivamente ao progenitor com quem o filho se encontra. Dá-se por assente que o exercício conjunto das responsabilidades parentais mantém os dois progenitores comprometidos com o crescimento do filho; afirma-se que está em causa um interesse público que cabe ao Estado promover, em vez de o deixar ao livre acordo dos pais; reduz-se o âmbito do exercício conjunto ao mínimo – aos assuntos de «particular importância». Caberá à jurisprudência e à doutrina definir este âmbito; espera-se que, ao menos no princípio da aplicação do regime, os assuntos relevantes se resumam a questões existenciais graves e raras, que pertençam ao núcleo essencial dos direitos que são reconhecidos às crianças. Pretende-se que o regime seja praticável – como é em vários países europeus – e para que isso aconteça pode ser vantajoso não forçar contactos frequentes entre os progenitores. Assim se poderá superar o argumento tradicional de que os pais divorciados não conseguem exercer em conjunto as responsabilidades parentais.*

Na determinação da residência do filho, valoriza-se a disponibilidade manifestada por cada um dos progenitores para promover relações habituais do filho com o outro progenitor".

Artigo 1901.º

Responsabilidades parentais
na constância do matrimónio

1 – Na constância do matrimónio, o exercício das responsabilidades parentais pertence a ambos os pais.

2 – Os pais exercem as responsabilidades parentais de comum acordo e, se este faltar em questões de particular importância, qualquer deles pode recorrer ao tribunal, que tentará a conciliação.

3 – Se a conciliação referida no número anterior não for possível, o tribunal ouvirá o filho, antes de decidir, salvo quando circunstâncias ponderosas o desaconselhem.

Artigo 1902.º

[...]

1 – Se um dos pais praticar acto que integre o exercício das responsabilidades parentais, presume-se que age de acordo com o outro, salvo quando a lei expressamente exija o consentimento de ambos os progenitores ou se trate de acto de particular importância; a falta de acordo não é oponível a terceiro de boa fé.

2 – O terceiro deve recusar-se a intervir no acto praticado por um dos progenitores quando, nos termos do número anterior, não se presuma o acordo do outro ou quando conheça a oposição deste.

Artigo 1903.º

[...]

Quando um dos pais não puder exercer as responsabilidades parentais por ausência, incapacidade ou outro impedimento decretado pelo tribunal, caberá esse exercício unicamente ao outro progenitor ou, no impedimento deste, a alguém da família de qualquer deles, desde que haja um acordo prévio e com validação legal.

Artigo 1904.º

Morte de um dos progenitores

Por morte de um dos progenitores, o exercício das responsabilidades parentais pertence ao sobrevivo.

Artigo 1905.º

Alimentos devidos ao filho em caso de divórcio, separação judicial de pessoas e bens, declaração de nulidade ou anulação do casamento

Nos casos de divórcio, separação judicial de pessoas e bens, declaração de nulidade ou anulação do casamento, os alimentos devidos ao filho e forma de os prestar serão regulados por acordo dos pais, sujeito a homologação; a homologação será recusada se o acordo não corresponder ao interesse do menor.

Artigo 1906.º

Exercício das responsabilidades parentais em caso de divórcio, separação judicial de pessoas e bens, declaração de nulidade ou anulação do casamento

1 – As responsabilidades parentais relativas às questões de particular importância para a vida do filho são exercidas em comum por ambos os progenitores nos termos que vigoravam na constância do matrimónio, salvo nos casos de urgência manifesta, em que qualquer dos progenitores pode agir sozinho, devendo prestar informações ao outro logo que possível.
2 – Quando o exercício em comum das responsabilidades parentais relativas às questões de particular importância para a vida do filho for julgado contrário aos interesses deste, deve o tribunal, através de decisão fundamentada, determinar que essas responsabilidades sejam exercidas por um dos progenitores.
3 – O exercício das responsabilidades parentais relativas aos actos da vida corrente do filho cabe ao progenitor com quem ele reside habitualmente, ou ao progenitor com quem ele se encontra temporariamente; porém, este último, ao exercer as suas responsabilidades, não deve contrariar as orientações educativas mais relevantes, tal como elas são definidas pelo progenitor com quem o filho reside habitualmente.

4 – O progenitor a quem cabe o exercício das responsabilidades parentais relativas aos actos da vida corrente pode exercê-las por si ou delegar o seu exercício.

5 – O tribunal determinará a residência do filho e os direitos de visita de acordo com o interesse deste, tendo em atenção todas as circunstâncias relevantes, designadamente o eventual acordo dos pais e a disponibilidade manifestada por cada um deles para promover relações habituais do filho com o outro.

6 – Ao progenitor que não exerça, no todo ou em parte, as responsabilidades parentais assiste o direito de ser informado sobre o modo do seu exercício, designadamente sobre a educação e as condições de vida do filho.

7 – O tribunal decidirá sempre de harmonia com o interesse do menor, incluindo o de manter uma relação de grande proximidade com os dois progenitores, promovendo e aceitando acordos ou tomando decisões que favoreçam amplas oportunidades de contacto com ambos e de partilha de responsabilidades entre eles.

Artigo 1907.º
Exercício das responsabilidades parentais quando o filho é confiado a terceira pessoa

1 – Por acordo ou decisão judicial, ou quando se verifique alguma das circunstâncias previstas no artigo 1918.º, o filho pode ser confiado à guarda de terceira pessoa.

2 – Quando o filho seja confiado a terceira pessoa, cabem a esta os poderes e deveres dos pais que forem exigidos pelo adequado desempenho das suas funções.

3 – O tribunal decide em que termos são exercidas as responsabilidades parentais na parte não prejudicada pelo disposto no número anterior.

Artigo 1908.º

[...]

Quando se verifique alguma das circunstâncias previstas no artigo 1918.º, pode o tribunal, ao regular o exercício das responsabilidades parentais, decidir que, se falecer o progenitor a quem o menor for entregue, a guarda não passe para o sobrevivo; o tribunal designará nesse caso a pessoa a quem, provisoriamente, o menor será confiado.

Artigo 1910.º

[...]

Se a filiação de menor nascido fora do casamento se encontrar estabelecida apenas quanto a um dos progenitores, a este pertence o exercício das responsabilidades parentais.

Artigo 1911.º
Filiação estabelecida quanto a ambos os progenitores que vivem em condições análogas às dos cônjuges

1 – Quando a filiação se encontre estabelecida relativamente a ambos os progenitores e estes vivam em condições análogas às dos cônjuges, aplica-se ao exercício das responsabilidades parentais o disposto nos artigos 1901.º a 1904.º.

2 – No caso de cessação da convivência entre os progenitores, são aplicáveis as disposições dos artigos 1905.º a 1908.º.

Artigo 1912.º
Filiação estabelecida quanto a ambos os progenitores que não vivem em condições análogas às dos cônjuges

1 – Quando a filiação se encontre estabelecida relativamente a ambos os progenitores e estes não vivam em condições análogas às dos cônjuges, aplica-se ao exercício das responsabilidades parentais o disposto nos artigos 1904.º a 1908.º.

2 – No âmbito do exercício em comum das responsabilidades parentais, aplicam-se as disposições dos artigos 1901.º e 1903.º.

Concordo com os objectivos do legislador e parece-me de aplaudir a nova expressão de responsabilidades parentais. Assim se incute na sociedade que não se trata de um "poder" dos pais em relação aos filhos.

De referir também a regulamentação da união de facto de forma idêntica ao casamento quanto ao exercício conjunto das responsabilidades parentais (deixando de ser necessária a declaração perante o funcionário do registo civil). Por isso, os arts. 1901.º e segs. não falam agora em cônjuges mas em progenitores, dado o alargamento do seu âmbito de aplicação.

A lei impõe também ao tribunal (art. 1901.º, n.º 3) a obrigação de ouvir o filho independentemente da idade deste e só não o fará se circunstâncias ponderosas o desaconselhem.

Aquilo que causa algum incómodo é a imposição legal do exercício comum das responsabilidades parentais no caso de divórcio. De facto, não se deixa aos progenitores a possibilidade de acordarem sobre o exercício do poder paternal (como no regime anterior), mas impõe-se imediatamente o exercício conjunto.

A lei considera que, quanto aos alimentos devidos ao filho, a forma de os prestar deverá ser decidida pelos progenitores por acordo homologado judicialmente (art. 1905.º)[20]. Mas, as responsabilidades parentais relativas às questões de particular importância para a vida do filho serão exercidas em comum por ambos os progenitores nos termos que vigoravam na constância do matrimónio, salvo nos casos de urgência manifesta, em que qualquer um dos cônjuges pode agir sozinho, devendo prestar informações ao outro logo que possível (art. 1906.º, n.º 1). Só quando esse exercício em comum for consi-

---

[20] Não regula a lei a situação de falta de acordo dos progenitores quanto à prestação de alimentos. Penso que em caso de desacordo o tribunal deverá decidir tal questão, incluindo-a ao abrigo do art. 1906.º, estando abrangida na regulação das responsabilidades parentais.

derado contrário aos interesses do filho deve o tribunal atribuir o exercício das responsabilidades parentais nessas questões a um dos progenitores (art. 1906.º, n.º 2). O exercício das responsabilidades parentais relativas aos actos da vida corrente do filho cabe ao progenitor com quem ele reside habitualmente, ou ao progenitor com quem ele se encontra temporariamente; porém, este último, ao exercer as suas responsabilidades, não deve contrariar as orientações educativas mais relevantes, tal como elas são definidas pelo progenitor com quem o filho reside habitualmente (art. 1901.º, n.º 3).

Repare-se ainda que esta atribuição conjunta das responsabilidades parentais nas questões de particular importância da vida do filho aplica-se às uniões de facto no caso de cessação da convivência entre os progenitores, bem como aos casos de filiação estabelecida em relação a ambos os progenitores que não vivam em condições análogas às dos cônjuges (arts. 1911.º e 1912.º). Ora, se no primeiro caso a regulamentação idêntica ao casamento até se justifica, no segundo caso o exercício em comum das responsabilidades parentais poderá ser fonte de conflitos (pense-se o caso de um dos progenitores que nada auxilia na educação do filho resolver obstar a uma decisão determinante para a sua vida apenas porque quer contrariar o outro progenitor).

Não será esta imposição legal do exercício conjunto das responsabilidades parentais nas questões de particular importância da vida do filho fonte de conflitos frequentes a resolver pelo tribunal permanentemente consultado para esse fim? Não será um atestado de menoridade dos pais? P. ex., se um dos pais, até mesmo aquele que mais o acompanha na sua educação e está mais presente sendo conhecedor dos seus interesses, pretende que o filho se inscreva em aulas de inglês 3 vezes por semana e não apenas 2 vezes como até então ou que tenha explicações desta ou daquela disciplina. Sendo questões de particular importância as relativas à educação do filho (e caberá, em caso de desacordo dos pais, ao tribunal aferir isso) exige-se a intervenção de ambos os progenitores.

Quanto à concretização das "questões de particular importância", há já alguma jurisprudência à luz do art. 1901.º, n.º 2, cuja redacção, neste ponto, se manteve com a Lei n.º 61/2008, de 31 de Outubro. Tratam-se das questões relativas à educação, saúde, formação religiosa. Será este o entendimento a seguir para aferir a mesma expressão à luz do novo art. 1906.º.

Das duas uma: ou o tribunal utilizará a excepção do exercício das responsabilidades por apenas um dos progenitores mais frequentemente e evitará atritos regulares que terá de decidir ou será constantemente chamado para se pronunciar quanto ao preenchimento de conceitos indeterminados no caso concreto, com prejuízo para o filho que terá de se deslocar ao tribunal constantemente para se pronunciar quanto à questão. É que não pode esquecer-se que o divórcio, ou a ruptura de uma união de facto, não é na maioria das vezes amigável e os ódios e ressentimentos entre os ex-cônjuges far-ser-ão sentir futuramente na vida dos filhos se constantemente tiverem de falar e decidir em conjunto certas questões da vida do filho. Uma coisa é fixar tal regra no decurso do casamento e outra querer que ela se imponha quando este se dissolve. Por isso, talvez fosse melhor fixar o exercício conjunto das responsabilidades parentais por acordo dos progenitores. Na falta de acordo o tribunal decidiria de harmonia com os interesses do menor.

Em todo o caso, não posso deixar de aceitar que a opção seguida neste ponto pelo legislador é a melhor, mas para os progenitores que saibam distinguir as suas relações recíprocas da relação com o filho. O que na realidade muitas vezes não acontece. Tem aqui o Direito um papel formador e pedagógico da sociedade que até poderá dar bons frutos no futuro. O que não invalida, porém, os conflitos que de imediato possam surgir em virtude da mesma opção legislativa.

Por outro lado, e para determinação da residência do menor, o tribunal deverá tomar a decisão que promova a estabilidade da vida da criança e as suas relações afectivas. Como refere M.ª Clara Sottomayor, a guarda das crianças deve ser confiada à pessoa de referência da criança, aquela que, na constância do casamento, dela cuidava no dia-a-dia[21], como, aliás, alguma jurisprudência vem tendo em consideração. O n.º 5 do art. 1906.º dispõe que o tribunal deter-

---

[21] M.ª Clara Sottomayor, *Regulação do exercício do poder paternal nos casos de divórcio*, 4.ª ed., Coimbra, Almedina, 2002, pp. 58-62.

minará a residência do filho e os direitos de visita de acordo com o interesse deste, devendo atender a todas as circunstâncias relevantes, designadamente o eventual acordo dos pais e a disponibilidade manifestada por cada um deles para promover relações habituais do filho com o outro. Não refere, assim, expressamente a preferência pelo progenitor que seja a pessoa de referência da criança.

É este também o entendimento da APMJ, no parecer já referido: a APMJ *"entende não ser uma opção realista supor que a maior parte dos pais têm a capacidade de cooperação necessária para executar o exercício conjunto das responsabilidades parentais. Pais preparados para tal função constituem casos excepcionais, e fazem-no, independentemente do que diga a lei, pois a família rege-se por critérios de auto--regulamentação.*
A lei relativa às responsabilidades parentais dirige-se à população divorciada em conflito, e para estes pais, é contraproducente impor o exercício conjunto das responsabilidades parentais, pois tal é dar-lhes mais instrumentos para perpetuar o conflito, com prejuízo para as crianças, que experimentam conflitos de lealdade, angústias, depressões, desejos de fuga, enurese nocturna, insucesso escolar etc.
A finalidade da lei sobre a regulação do exercício do poder paternal é proteger o interesse da criança e não alterar os papéis do homem e da mulher. Para prosseguir este último objectivo o Código Civil, estabelece a igualdade de direitos e deveres dos cônjuges, o princípio da direcção conjunta da família e a ausência de pré-fixação de papéis familiares, em função do género nas normas relativas aos efeitos do casamento. O exercício conjunto das responsabilidades parentais, conferindo aos homens igualdade de direitos sem a correspondente igualdade de deveres significa, na prática, um retorno ao patriarcado, na medida em que exige que as mulheres peçam autorização aos ex-maridos para a tomada de decisões em relação aos filhos, tal como o sistema que vigorava, antes da reforma de 1977. O carácter indeterminado da noção «actos

de particular importância» consiste também num factor de litígio e de incerteza jurídica.

Em estudos sobre a adaptação das crianças ao divórcio dos pais, ficou demonstrado que a guarda conjunta não diminui o sofrimento causado às crianças com o divórcio nem constitui a panaceia para os problemas gerados pelo divórcio. As consequências do divórcio para os filhos – o medo de serem abandonados pelos pais – são as mesmas, qualquer que seja a forma de guarda e a guarda conjunta, a longo prazo, não gera qualquer diferença na personalidade dos adultos, filhos de pais divorciados, que viveram em guarda conjunta ou em guarda única.

A experiência da adopção nos EUA da "Joint Legal Custody", na maior parte dos casos de divórcio, que é a equivalente à solução prevista no Decreto n.º 232/X, revela não ter aumentado o contacto da criança com o progenitor com quem não reside, nem o envolvimento deste nas decisões a tomar relativamente à educação do filho. Para além de não produzir efeitos benéficos, constituindo uma mera etiqueta formal nos acordos dos pais, não vivida na prática, a imposição do exercício conjunto das responsabilidades parentais produz efeitos prejudiciais, para as crianças, nos casos de relações altamente conflituosas entre os pais e nos casos em que a mãe foi vítima de violência doméstica.

Nos casos de violência doméstica, o exercício conjunto das responsabilidades parentais, obrigando a mulher a comunicar com o ex-marido para tomar decisões relativamente à vida do filho, coloca-a em perigo de ser continuamente agredida, e cria o risco de a criança assistir a cenas de violência entre os pais, ou, de ser também, ela própria, vítima de violência.

Um estudo sobre a violência doméstica em Portugal demonstra que o grupo das mulheres separadas e divorciadas é aquele em que a violência tem um peso mais alto. No mesmo sentido, estudos ingleses demonstram que a violência continua, após a separação, e que os homens percorrem grandes distâncias para encontrar as mulheres, correndo estas grandes riscos de serem agredidas ou mortas, quando tentam romper a relação ou procurar ajuda. Com frequência, homens violentos pedem judicialmente o exercício do direito de visita relativamente aos filhos menores, usando-os como um meio de chantagem em relação à mulher e pondo em risco a sua segurança.

A investigação tem também demonstrado que as crianças que assistem ou conhecem a violência doméstica do pai contra a mãe sofrem de problemas emocionais, comportamentais, intelectuais e físicos, constituindo a violência contra a mãe um abuso psíquico das crianças.

Independentemente da ocorrência de violência doméstica, o contacto da criança com ambos os pais é também prejudicial a esta no caso de relações altamente conflituosas entre os pais, fazendo-a passar por conflitos de lealdade e perturbações comportamentais e emocionais. A estes resultados conduziram vários estudos realizados nos E.U.A., realizados por autores com diferentes ideologias relativamente à guarda conjunta.

*A **Associação Portuguesa de Mulheres Juristas** entende que a lei deve afirmar expressamente, no artigo 1906.º n.º 1, que o princípio do exercício conjunto das responsabilidades parentais não se aplica a famílias com história de violência doméstica, ou a famílias em que existe uma elevada conflitualidade entre os pais e nem em casos de falta de acordo entre estes.*

*Para a **Associação Portuguesa de Mulheres Juristas** também levanta problemas graves o exercício conjunto das responsabilidades parentais relativamente às crianças nascidas fora do casamento, em que os pais não vivem em condições análogas às dos cônjuges (art. 1912.º).*

Pois que, nos casos em que os pais nunca viveram em união de facto e a paternidade foi estabelecida num processo de averiguação oficiosa, tal põe em perigo a estabilidade das crianças. Estes pais ficam agora com poder para criarem obstáculos à decisão da mãe de entregar a guarda da criança a terceiros ou consentir na sua adopção, mesmo que não tenham nenhum projeto de vida para a criança.

Por outro lado, no caso de mães menores de idade, vítimas de abuso sexual do qual resulta a gravidez, o exercício das responsabilidades parentais em conjunto vai dar poderes de educação e direitos de visita ao autor de um crime contra a mãe da criança.

*A **Associação Portuguesa de Mulheres Juristas** entende que se mantêm, ainda, na sociedade portuguesa, os motivos que deram origem ao estabelecimento do exercício do poder paternal exclusivamente pela mãe solteira, dada a maior proximidade afectiva e sociológica das crianças com a mãe e com a família da mãe. O exercício conjunto das responsabilidades parentais devia ser reservado, apenas, para os pais que vivem em união de facto, como o actual artigo 1911.º do Código Civil, na redacção que lhe deu a Reforma de 1977.*

(...) O artigo 1906.º, n.º 5 devia conter, como concretização da noção de interesse da criança, uma preferência pelo progenitor que, na vigência do casamento, dela cuidou predominantemente. A manter-se a redacção do Decreto n.º 232/ /X, deve acrescentar-se, pelos mesmos motivos do afirmado no ponto 1, uma excepção para os casos de violência doméstica contra as mulheres.

Sucedeu nos EUA, com o "no-fault-divorce", que este tipo de cláusulas foram invocadas pelos agressores, para assumir a guarda dos filhos, uma vez que a rejeição da noção de culpa no divórcio faz com que os Tribunais, nos processos de regulação do poder paternal, se recusem a investigar as alegações de violência doméstica contra as mulheres".

A redacção do art. 1907.º apresenta-se duvidosa ao estipular que "por acordo ou decisão judicial, ou quando se verifique alguma das circunstâncias previstas no artigo 1918.º"". Em primeiro lugar, a confiança do filho nas circunstâncias previstas no art. 1918.º também exige decisão judicial, pelo que pode parecer repetitivo. Parece-me que o que se pretende é que a confiança do filho a terceira pessoa ocorrerá sempre nas situações do art. 1918.º que, além da confiança a terceira pessoa, também admite a confiança a estabelecimento de educação ou assistência.

Em segundo lugar, ao distinguir o acordo e a decisão judicial, a norma parece admitir que por simples acordo os pais possam confiar o filho a terceira pessoa. Ora, parece-me que, também por força de imperativos constitucionais (v., o art. 36.º, n.º 6, da Constituição da República Portuguesa), tal acordo terá sempre de ser homologado. De facto, deve articular-se o art. 1907.º com o artigo anterior, onde o tribunal decide as questões relativas ao exercício das responsabilidades parentais. É nesse quadro que pode atribuir-se a confiança do filho a terceira pessoa: por acordo homologado judicialmente ou por decisão judicial se não existir acordo mas houver razões que a determinem.

De referir ainda que se prevê um novo artigo onde se pune o incumprimento do exercício das responsabilidades parentais que passa a ser considerado crime. *"(...) [A]ssim se pretende sublinhar que o Estado deve, através dos vários meios ao seu alcance, assegurar a defesa dos direitos das crianças, parte habitualmente silenciosa neste tipo de diferendos entre adultos, sempre que estes não cumpram o que ficar estipulado".* Pretende-se diminuir a ligeireza com que se desprezam as decisões dos tribunais e se alteram os hábitos e as expectativas dos filhos, nesta matéria.

Assim, passa a ser considerado crime de subtracção de menor, p.p. no art. 249.º, n.º 1, al. *c*), do Código Penal, com a redacção dada pela Lei n.º 61/2008, de 31 de Outubro, o não cumprimento, de modo repetido e injustificado, do regime estabelecido para a convivência do menor na regulação do exercício das responsabilidades parentais, ao recusar, atrasar ou dificultar significativamente a sua entrega ou acolhimento. O agente é punido com pena de prisão até dois anos ou com pena de multa até 240 dias. Prevê, contudo, o n.º 2 do mesmo art. 249.º que a pena será especialmente atenuada quando a conduta do agente tenha sido condicionada pelo respeito pela vontade do menor com idade superior a 12 anos.

A este propósito refere a APMJ, no já referido parecer, que *"[é] questionável a criminalização deste comportamento no domínio das relações familiares, por estigmatizar com a sanção penal, comportamentos que não têm gravidade suficiente para constituir crime.*

Esta norma aumenta o conflito parental, pois, com prejuízo para a estabilidade da criança, os pais passam a ter ao seu dispor a ameaça de uma queixa-crime contra o outro. Como na maioria dos casos são as mulheres que têm a guarda dos filhos são elas que se encontram nesta situação de poderem ser perseguidas penalmente.

Investigações conduzidas nos EUA sobre as mulheres que recusam visitas ao progenitor masculino, concluem que se trata de mulheres vítimas de violência doméstica, que querem proteger o(a)s filho(a)s de presenciarem condutas agressivas do pai para com a mãe, ou de serem ele(a)s próprio(a)s vítimas de violência.

É uma contradição, o poder legislativo proteger as mulheres vítimas de violência, através da lei penal e processual penal, e depois esquecer que estas mulheres têm filhos e que aparecem nos processos de regulação das responsabilidades parentais e de incumprimento, porque recusam visitas ao agressor, para protegerem a sua integridade física e psíquica e a dos seus filhos.

A manter-se esta norma deve ser reduzida a pena de prisão e de multa para metade, tal como o crime de violação da obrigação de alimentos (art. 250.º do C.Penal). A diferente medida da pena nestes dois crimes constitui uma discriminação das mulheres em comparação com os homens, os principais autores do crime de violação da obrigação de alimentos e a quem será aplicada uma pena inferior (art. 250.º, n.ᵒˢ 1 e 2), mesmo que, por falta de assistência, ponham em perigo a saúde e a vida da criança.

Entende, ainda, a **Associação Portuguesa de Mulheres Juristas** *que a causa de atenuação especial da pena prevista no art. 249.º, n.º 2, para os casos em que a conduta do agente tiver sido condicionada pelo respeito pela vontade do menor com idade superior a 12 anos, deve ser transformada numa causa de exclusão da ilicitude e ser dada relevância à oposição da criança a partir dos cinco anos de idade, tal como é jurisprudência uniforme nos Tribunal Europeu dos Direitos Humanos.*

Bem como que devem ser introduzidas, como causas de exclusão da ilicitude do crime de subtracção de menores, a violência doméstica contra a mulher, os maus-tratos às crianças e a negligência parental, e como causa de exclusão da culpa, a recusa de entrega motivada pelo desejo de proteger a criança de um perigo".

6. O crédito compensatório ao cônjuge pela contribuição (consideravelmente superior) para os encargos da vida familiar – o trabalho doméstico[22]

Lê-se na exposição de motivos do projecto de lei n.º 509/X: *"O reconhecimento da importância decisiva para as condições de vida e equilíbrio da vida familiar dos cuidados com os filhos e do trabalho doméstico, é uma aquisição civilizacional recente que carece ainda de ser verdadeiramente incorporada, quer na realidade quotidiana quer na percepção política e jurídica. Se muitas vezes no plano dos princípios se está pronto a considerar a maternidade e a paternidade como valores sociais eminentes (artigo 68.º da CRP), é necessário promover a sua plena concretização. É por ter em consideração esta falta de reconhecimento e as assimetrias que lhes estão implícitas que o projecto de lei apresentado estabelece, nas consequências do divórcio, a possibilidade de atribuição de "créditos de compensação", sempre que se verificar assimetria entre os cônjuges nos contributos para os encargos da vida familiar.*

Com efeito, sabe-se que as carreiras profissionais femininas são muitas vezes penalizadas na sua progressão porque as mulheres, para atender aos compromissos familiares, renunciam por vezes a desenvolver outras actividades no plano profissional que possam pôr em causa esses compromissos. Ora, quando tais renúncias existem, e por desigualdades de género não são geralmente esperadas nem praticadas no que respeita aos homens, acabam, a prazo, por colocar as mulheres em desvantagem no plano financeiro".

---

[22] O texto relativo a este ponto, e que se segue, foi objecto da minha intervenção no Colóquio "Uma análise crítica do novo regime jurídico do divórcio", organizado pela APMJ e Universidade Católica – Porto, nos dias 23 a 25 de Outubro de 2008.

Conforme se pode continuar a ler na referida exposição de motivos *"admite-se por isso que no caso da dissolução conjugal seria justo «que o cônjuge mais sacrificado no (des)equilíbrio das renúncias e dos danos, tivesse o direito de ser compensado financeiramente por esse sacrifício excessivo» (in, Guilherme Oliveira, (2004), Dois numa só carne, In ex Aequo, n.º 10.) Ainda neste plano, vale a pena lembrar que devido ao facto de ser às mulheres que a guarda das crianças na situação de divórcio é atribuída com muito mais frequência, as situações de perda e desequilíbrio financeiro atingem também as condições de vida dos filhos. Estas ainda se podem agravar em caso de incumprimento de assunção das responsabilidades parentais, nomeadamente quando há recusa ou atraso na prestação de alimentos".*

Ao contrário da legislação anterior admite-se na Lei n.º 61/ /2008, de 31 de Outubro, um crédito a um dos cônjuges, sendo mais um caso em que se aplica o princípio geral de que os movimentos de enriquecimento ou de empobrecimento que ocorrem, por razões diversas, durante o casamento, não devem deixar de ser compensados no momento em que se acertam as contas finais dos patrimónios.

Concordo obviamente com o objectivo desta alteração legislativa, mas tenho dúvidas quanto ao modo de o alcançar e seria conveniente corrigir alguma falta de rigor na regulamentação e exigibilidade deste crédito, como passarei a explicar.

6.1 *Análise dos arts. 1675.º e 1676.º do Código Civil na redacção anterior à Lei n.º 61/2008, de 31 de Outubro (o dever de contribuição para os encargos da vida familiar na constância do matrimónio, em especial com o trabalho doméstico, e a presunção de renúncia ao direito de exigir uma compensação)*

O art. 1675.º consagra o dever de assistência que compreende a obrigação de prestação de alimentos e a de contribuição para os encargos da vida familiar. A obrigação de prestação de alimentos apenas tem autonomia quando os cônjuges vivem separados, de direito ou de facto. Se vivem juntos o dever de prestação de alimentos assume-se como dever de contribuição para os encargos da vida familiar (art. 1676.º), ou seja, cada um dos cônjuges está obrigado a concorrer, proporcionalmente aos seus rendimentos e à sua capacidade de trabalho, para a manutenção do trem de vida de ambos, para o sustento dos filhos e restantes encargos da vida familiar. Mas se estão separados de facto, ou de direito, os encargos da vida familiar podem já não existir e, por isso, obriga-se cada um dos cônjuges a prestar alimentos ao outro. E podem já não existir porque – consistindo tais encargos da vida familiar nas pequenas despesas, correspondentes ao padrão de vida do casal, definido na prática quotidiana do casal, e abrangendo todas as necessidades dos cônjuges, filhos ou de outros parentes ou afins a cargo dos cônjuges[23] – deixa de existir vida em comum como até então. Em todo o caso, ainda que tal dever possa desaparecer como contribuição para os encargos da vida familiar, transforma-se no dever de prestar alimentos ao cônjuge, mantendo-se, nessa modalidade, o dever de assistência (como acontece também nos outros ordenamentos jurídicos – v., em especial, os §§ 1360.º e 1361.º do BGB). De facto, o dever de assistência mantém-se seja a separação de facto imputável ou não a um ou ambos os cônjuges (art. 1675.º, n.ºs 2 e 3), podendo apenas assumir contornos diferentes.

A noção de encargos da vida familiar é mais lata que a mera relação entre os cônjuges (e as simples despesas domésticas, a que se referia a versão original do nosso Código Civil de 1966), podendo abranger os encargos com todos os que vivam sujeitos às mesmas relações afectivas e económicas, mesmo que não sob o mesmo tecto (p. ex., se os filhos estão a estudar longe de casa). Ora, no decurso do casamento, e conforme dispõe o art. 1676.º, o dever de contribuir para os encargos da vida familiar incumbe a ambos os cônjuges, de acordo com as possibilidades de cada um, e pode ser cumprido, por qualquer deles, pela afectação dos seus recursos (como

---

[23] Jorge Duarte Pinheiro, *O núcleo intangível da comunhão conjugal. Os deveres conjugais sexuais*, Coimbra, Almedina, 2004, p. 72, e *Direito da Família e das Sucessões*, vol. I, 2.ª ed., Lisboa, AAFDL, 2005, pp. 157 e 158.

rendimentos) àqueles encargos e/ou pelo trabalho despendido no lar ou na manutenção e educação dos filhos[24].

Cabe aos cônjuges, na sua orientação da vida em comum (art. 1671.º, n.º 2), acordarem sobre a repartição das funções a que cada um dos cônjuges estará vinculado, na maioria das vezes por acordos tácitos. Ora, desses acordos pode resultar que um dos cônjuges, normalmente a mulher, se dedique ao trabalho no lar e à educação dos filhos. O art. 1676.º valoriza este trabalho prestado no lar por um dos cônjuges tal como o trabalho profissional. Mas pode acontecer, e apesar da *habilidade legal* da contabilização do trabalho despendido no lar, como referem Pires de Lima e Antunes Varela[25], que a contribuição efectiva de um dos cônjuges para tais encargos seja superior à que lhe competia de acordo com o critério da proporcionalidade dos meios. É o que acontece na generalidade dos lares familiares onde a mulher, além de auferir um vencimento pelo seu trabalho fora do lar, e com ele contribuir para os encargos da vida familiar, realiza a maioria dos trabalhos domésticos e de educação dos filhos (a dupla jornada de trabalho), contribuindo, assim, com mais do que o que devia para os referidos encargos. Neste caso, a regulamentação legal vigente até à entrada em vigor da nova lei, e apesar de poder provar-se o contrário, estabelecia uma presunção de renúncia ao direito de exigir do outro cônjuge a devida compensação. Podia, assim, haver o empobrecimento de um dos cônjuges em benefício do outro que não era compensado em momento algum. É esta injustiça que a alteração legislativa quis

---

[24] Como escrevem Pereira Coelho/Guilherme de Oliveira, *ob. cit.*, p. 357, a lei refere que os cônjuges podem cumprir o seu dever de contribuição de uma forma *e* (e não *ou*) da outra, por o legislador ter receado que, se dissesse que os cônjuges podiam cumprir esse dever de uma forma ou da outra, a formulação legal pudesse sugerir que um dos cônjuges o cumprisse da primeira forma e o outro cônjuge (e terá pensado na mulher) o cumprisse da outra forma. Assim, cada um dos cônjuges pode cumprir a sua obrigação de uma das formas, da outra ou de ambas.

[25] Pires de Lima/Antunes Varela, *Código Civil Anotado*, vol. IV, 2.ª ed., Coimbra, Coimbra Editora, 1992, p. 269.

evitar e corrigir ao fixar o crédito pela compensação do trabalho doméstico ao cônjuge que contribuiu de forma consideravelmente superior para os encargos da vida familiar, nomeadamente porque renunciou à sua vida profissional, e que verei seguidamente[26].

6.2 Questão terminológica – compensações e créditos entre cônjuges. Reflexos no dever de contribuição para os encargos da vida familiar

A osmose patrimonial que ocorre em virtude da comunhão de vida exige a previsão de determinados mecanismos destinados a realizar um justo equilíbrio patrimonial entre os cônjuges. Na constância do matrimónio é possível que ocorram transferências de valores entre as diferentes massas de bens em presença. Tais transferências darão origem, no final do matrimónio[27], a créditos e débitos recíprocos: os patrimónios próprios podem ser credores do comum, este daqueles e os próprios de cada um podem ser devedores dos próprios do outro. O que se pretende evitar com tais mecanismos é o enriquecimento de um dos cônjuges à custa do empobrecimento do outro, procurando salvaguardar um certo equilíbrio patrimonial.

Tendo por objectivo restabelecer o equilíbrio entre os diferentes patrimónios, as compensações procuram evitar o enriquecimento injusto, como princípio geral de direito, de um património em detrimento de outro (que pode decorrer, p. ex., do pagamento de dívidas, por um dos patrimónios, que oneram definitivamente outro património). O Código Civil fala, expressamente, em compensações

---

[26] Por outro lado, o art. 1676.º, n.º 3, regula a situação de um dos cônjuges contribuir menos do que devia para os encargos da vida familiar. Neste caso, pode o outro cônjuge exigir ao faltoso o que for devido, podendo exigir que lhe seja directamente entregue a parte dos rendimentos ou proventos do outro a fixar pelo tribunal. A Lei n.º 61/2008, de 31 de Outubro, não altera esta matéria, remetendo-a apenas para o n.º 4 do art. 1676.º.

[27] Em rigor, a lei não prevê tais mecanismos no momento da dissolução do casamento mas no momento da partilha dos bens.

devidas pelo património comum ao património próprio de um dos cônjuges ou por este àquele nos arts. 1682.º, n.º 4, 1697.º, 1722.º, n.º 2, 1726.º, n.º 2, 1727.º, 2.ª parte, e 1728.º, n.º 1, *in fine*. Defendo a existência de um princípio geral que obriga às compensações entre os patrimónios próprios dos cônjuges e o comum sempre que um deles, no final do regime, se encontre enriquecido em detrimento do outro. A não ser assim, verificar-se-ia um enriquecimento injusto da comunhão à custa do património de um dos cônjuges ou de um destes à custa daquela[28].

Não posso concordar, por isso, com a justificação dada pelo Presidente da República, no seu veto ao projecto em causa, ao referir que *"a vivência conjugal e familiar não est[á] suficientemente adaptada a uma realidade tão nova e distinta, podendo mesmo gerar-se situações de autêntica «imprevisão» ou absoluta «surpresa» no momento da extinção do casamento, o novo modelo de divórcio corresponde também, até certo ponto, a um novo modelo de casamento, no seio do qual são ou podem ser contabilizadas todas e quaisquer contribuições dadas para a vida em comum. Mesmo a admitir-se a adopção deste novo modelo de casamento, não pode deixar de se salientar o paradoxo que emerge desta visão «contabilística» do matrimónio, uma vez que a filosofia global do casamento gizada pelo novo regime do divórcio corresponde a uma concepção do casamento como espaço de afecto. Sempre que um dos cônjuges entenda que desapareceu esse afecto, permite-se agora que unilateralmente ponha termo à relação conjugal, sem qualquer avaliação da culpa ou de eventuais violações de deveres conjugais. Ora, a par desta visão «afectiva» do casamento, pretende-se que a seu lado conviva uma outra, dir-se--ia «contabilística», em que cada um dos cônjuges é estimulado a manter uma «conta-corrente» das suas contribuições, e*

---

[28] Seguimos aqui o mesmo entendimento de M.ª Rita A. G. Lobo Xavier, *Limites à autonomia privada na disciplina das relações patrimoniais entre os cônjuges*, Coimbra, Almedina, 2000, p. 395.

apenas a prática poderá dizer qual delas irá prevalecer. Existe uma forte probabilidade de aquela «visão contabilística» ser interiorizada pelos cônjuges, gerando-se situações de desconfiança algo desconformes à comunhão de vida que o casamento idealmente deve projectar". Tal não é novidade... As compensações e a sua contabilização estão já previstas na lei a propósito de outras matérias reguladoras das relações entre os cônjuges. E não vejo onde possa estar o paradoxo referido na transcrição: é, na verdade, o afecto que suporta o casamento. Se este deixa de existir, e é pedido o divórcio, não há razão para os ex-cônjuges não "acertarem contas" entre si. A ausência de tal contabilização é que geraria situações graves de injustiça e desequilíbrios patrimoniais.

Também o art. 1676.º, n.º 2, do nosso Código Civil, refere o direito de exigir uma compensação. Porém, não se trata aqui de uma compensação *stricto sensu*, ou seja, aí se aborda o crédito compensatório de um dos cônjuges, cuja contribuição para os encargos da vida familiar excedeu a parte que lhe pertencia, perante o outro e o seu património próprio.

Convém, neste ponto, distinguir as compensações dos créditos entre cônjuges.

A compensação é o meio de prestação de contas do movimento de valores entre a comunhão e o património próprio de cada cônjuge que se verifica no decurso do regime de comunhão. A compensação aparecerá, no momento da liquidação e partilha, ou como um crédito da comunhão face ao património próprio de um dos cônjuges ou como uma dívida da comunhão face a tal património, permitindo que, no fim, uma massa de bens não enriqueça injustamente em detrimento e à custa de outra.

Se assim é, a compensação apenas existirá se aquelas transferências se realizarem no decurso do regime matrimonial (e num dos regimes de comunhão).

Por definição, uma compensação presume um movimento de valores entre o património comum e o património próprio de um dos cônjuges. Se, durante o regime matrimonial, a transferência de valores se realizar entre os patrimónios próprios, haverá um crédito entre cônjuges, e não uma compensação. Tais créditos entre cônjuges obedecem a um regime jurídico distinto das compensações[29]. Desde

---

[29] Cornu, *Vocabulaire Juridique*, 6.ª ed., Paris, PUF, 1996, p. 694, define *récompense* como, nos regimes de comunhão, a indemnização pecuniária devida pela comunhão a um dos cônjuges ou por um dos cônjuges à comunhão e apenas determinada e exigível após a dissolução da comunhão.

Não partilho, assim, o entendimento de Pereira Coelho/Guilherme de Oliveira, *ob. cit.*, pp. 432 e 433, para quem os "créditos entre os cônjuges" nascem de factos específicos que não se relacionam com as transferências normais de valores entre os patrimónios, com a conta-corrente de financiamentos que as compensações procuram liquidar de forma a evitar enriquecimentos de um património em detrimento de um outro. Para os autores podem nascer créditos entre os cônjuges, designadamente por força de responsabilidade civil baseada em actos de administração intencionalmente prejudiciais (art. 1681.º, n.º 1) ou em administração contra a vontade do dono dos bens (art. 1681.º, n.º 3); ou por força de responsabilidade por danos não patrimoniais assentes na violação culposa de direitos fundamentais ou do estatuto matrimonial do outro cônjuge; ou ainda por factos jurídicos negociais – mútuos, locações... – sujeitos ao regime geral dos negócios que lhes dão origem. Designar-se-ia por compensações todas as operações que visassem restabelecer um desequilíbrio entre patrimónios e reservar-se-ia a expressão "créditos entre cônjuges" para designar os vínculos nascidos por outras razões.

Não nego a existência de créditos entre os cônjuges naquelas hipóteses. Porém, a noção de "créditos entre os cônjuges" é, para mim, mais lata que a dos autores citados, pois abrange todo o relacionamento entre patrimónios próprios dos cônjuges, qualquer que seja a sua origem. Miguel López Muñiz Goñi, *La ejecución de sentencias em materia matrimonial. Guía práctica y jurisprudencia*, 5.ª ed., Madrid, Editorial Colix, 1997, p. 305, apoia esta ideia ao referir que se forem utilizados bens comuns em proveito de um dos cônjuges é a comunhão a credora não se gerando qualquer crédito para o cônjuge prejudicado. Por outro lado, e aí concordo com os autores em causa, não se confundem tais créditos com as compensações, pois enquanto nestas há um relacionamento entre o(s) património(s) próprio(s) do(s) cônjuge(s) e o património comum, naqueles são apenas os patrimónios próprios dos cônjuges que se ligam. V., Cristina M. Araújo Dias, *Compensações devidas pelo pagamento de dívidas do casal (da correcção do regime actual)*, Coimbra, Coimbra Editora, 2003, pp. 111-129. Parece que também Gernhuber/Coester-Waltjen, *Familienrecht*, 5.ª ed., München, C. H. Beck, 2006, § 38, VII, 15, p. 452, se afastam do entendimento dos autores referidos ao

logo, salvo convenção em contrário, tais créditos são exigíveis desde o momento do seu surgimento, por estarem sujeitos ao regime geral do Direito das Obrigações, não se justificando o seu diferimento para o momento da partilha. O seu pagamento pode ser exigido durante o casamento, sem esperar pela sua dissolução e pela liquidação e partilha do regime matrimonial.

Ora, no art. 1676.º, n.º 2, ao referir-se à renúncia do direito a exigir a competente compensação, reportava-se ao conceito geral, ou seja, se um cônjuge contribuiu a mais do que devia, deveria ser reembolsado por isso. Contudo, a redacção proposta pela alteração legislativa constante do Decreto n.º 232/X para o referido n.º 2 do art. 1676.º apontava para a existência específica de créditos entre cônjuges, não falando sequer em compensação. O Decreto n.º 245//X e a Lei n.º 61/2008, de 31 de Outubro, por seu lado, retomam a letra da lei na redacção anterior do n.º 2 do art. 1676.º e vêm apenas alterar a presunção de renúncia ao crédito compensatório. Aí se dispõe que o cônjuge que contribuiu de forma consideravelmente superior para os encargos da vida familiar, porque renunciou designadamente à sua vida profissional e se dedicou ao lar e ao trabalho doméstico, tenha "direito de exigir do outro a correspondente compensação", reportando-se obviamente a um direito a ser reembolsado pelo outro naquilo em que ficou empobrecido por ter abdicado dos seus interesses pessoais.

Em todo o caso, o que não se compreende, atendendo à noção de créditos e compensações, é a solução do n.º 3 do mesmo artigo quanto à exigibilidade do mesmo crédito.

---

dizerem que, podendo as relações entre o património comum e os patrimónios dos cônjuges bem como as relações apenas entre os patrimónios dos cônjuges ter origens variadas, é possível surgirem relações decorrentes de responsabilidade negocial, como a responsabilidade por facto ilícito ou enriquecimento sem causa. Ou seja, não é o vínculo surgido entre os cônjuges por essas razões que distingue as compensações dos créditos.

6.3 O novo regime

a) A alteração legislativa – a nova redacção do art. 1676.º do Código Civil e o crédito compensatório ao cônjuge pela contribuição (consideravelmente superior) para os encargos da vida familiar, designadamente com o trabalho doméstico

A nova regulamentação legal agora em análise apresenta uma diferente redacção do art. 1676.º. Mantém os n.ºs 1 e 3 (que passa a ser o n.º 4) e introduz uma inovação nos seus novos n.ºs 2 e 3. De facto, aí se consagra um crédito compensatório ao cônjuge que contribuiu de forma consideravelmente superior para os encargos da vida familiar.

O Decreto n.º 232/X determinava que:

"N.º 2 – Se a contribuição de um dos cônjuges para os encargos da vida familiar exceder manifestamente a parte que lhe pertencia nos termos do número anterior, esse cônjuge torna-se credor do outro pelo que haja contribuído além do que lhe competia.

N.º 3 – O crédito referido no número anterior só é exigível no momento da partilha dos bens do casal, a não ser que vigore o regime da separação."

Por seu lado, o Decreto n.º 245/X, redigido após o veto presidencial, e o art. 1676.º na redacção dada pela Lei n.º 61/2008, de 31 de Outubro, prevêem que:

"N.º 2 – Se a contribuição de um dos cônjuges para os encargos da vida familiar for consideravelmente superior ao previsto no número anterior, porque renunciou de forma excessiva à satisfação dos seus interesses em favor da vida em comum, designadamente à sua vida profissional, com prejuízos patrimoniais importantes, esse cônjuge tem direito de exigir do outro a correspondente compensação.

N.º 3 – O crédito referido no número anterior só é exigível no momento da partilha dos bens do casal, a não ser que vigore o regime da separação."

Apesar de a letra da lei ser diferente o seu sentido e conteúdo é o mesmo. De facto, o propósito do legislador foi consagrar o direito a uma compensação ao cônjuge que contribuiu de forma consideravelmente superior que o outro para os encargos da vida familiar. Especifica, porém, o Decreto n.º 245/X, na base da lei n.º 61/2008, de 31 de Outubro, que é o caso do cônjuge que renunciou de forma excessiva à satisfação dos seus interesses em favor da vida em comum, designadamente à sua vida profissional, consagrando, assim, uma referência clara (ainda que não explícita) ao trabalho doméstico.

Aquele empobrecimento de um dos cônjuges em benefício do outro, que referi, que não era compensado em momento algum, passa a corrigir-se com a atribuição deste crédito compensatório ao cônjuge que mais contribuiu para os encargos da vida familiar, nomeadamente com o seu trabalho no lar, eliminando-se a presunção de renúncia a qualquer compensação.

Da análise da presente alteração impõem-se alguns comentários.

Em primeiro lugar, para existir tal crédito é necessário que a contribuição de um dos cônjuges (determinada nos termos do n.º 1) seja consideravelmente superior à do outro, juízo que caberá ao juiz em cada caso concreto. É evidente que numa situação em que a mulher ou o marido, além de trabalhar fora do lar e com os seus rendimentos contribuir para a economia doméstica, também realiza todas as tarefas domésticas e de educação dos filhos, com renúncia à sua vida profissional, a sua contribuição é manifestamente superior.

Por outro lado, o legislador auxilia o julgador ao referir que a contribuição de um dos cônjuges será consideravelmente superior porque renunciou de forma excessiva à satisfação dos seus interesses em favor da vida em comum, designadamente à sua vida profissional. Consagra, assim, um crédito compensatório ao cônjuge que se dedicou, ou se dedicou mais, ao trabalho doméstico e educação dos filhos[30].

---

[30] O parecer da APMJ sugeria, à luz do Decreto n.º 232/X, esta especificação: *"A **Associação Portuguesa de Mulheres Juristas** considera que a redacção proposta para o artigo 1676.º n.º 2 do C.C. tem uma formulação indeterminada. A lei deve referir expressamente o direito da mulher à remuneração do trabalho*

Além disso, é preciso que a renúncia a favor da vida em comum tenha trazido prejuízos patrimoniais importantes ao cônjuge.

Repare-se, portanto, que a intenção do legislador terá sido a de contemplar o trabalho doméstico e o cônjuge que a ele se dedica de forma exclusiva (que, no momento da partilha subsequente ao divórcio, pode ficar numa situação de desvantagem e sem possibilidade de ingressar ou reingressar no mercado de trabalho). Não exclui, porém, a possibilidade de ser atribuído um crédito de compensação ao cônjuge que, desempenhando também uma actividade profissional fora do lar, se dedicou de forma manifestamente superior que o outro ao trabalho doméstico, com algum prejuízo para a sua carreira profissional e, em consequência, com prejuízos patrimoniais importantes (p. ex., não progrediu na carreira para dedicar mais tempo ao trabalho doméstico e acompanhamento da educação dos filhos). Também a situação deste cônjuge será afectada com o divórcio, sobretudo ao nível dos rendimentos profissionais que entram no lar (que passará a ser apenas o seu – e que será inferior ao que seria caso não se tivesse dedicado ao lar renunciando de forma excessiva à sua vida profissional).

A relevância desta compensação ao cônjuge que renunciou à sua vida profissional verificar-se-á sobretudo no caso de os cônjuges estarem casados no regime de separação de bens. De facto, nos regimes de comunhão, cuja ideia subjacente é a da participação de ambos os cônjuges no que foi adquirido com o esforço conjunto, o cônjuge que se dedicou ao lar e ao trabalho doméstico sempre pode participar nos bens que o outro cônjuge adquiriu ao longo do casamento[31]. Tal não ocorre no regime de separação de bens, onde mais nitidamente o cônjuge que renunciou à sua vida profissional integral

---

doméstico (...). Esta especificação é importante para que não haja dúvidas na aplicação da norma, e para que a letra da lei reflicta a realidade social e, cumprindo os compromissos internacionais a que Portugal está adstrito, se torne visível a riqueza produzida pelo trabalho doméstico".

[31] Mesmo apesar de o art. 1790.º determinar que, tendo os cônjuges convencionado o regime de comunhão geral de bens, a partilha em caso de divórcio far-se-á no regime de comunhão de adquiridos.

ou parcialmente não tem qualquer participação nos bens adquiridos pelo outro cônjuge e com o seu auxílio (ainda que não financeiro).

A principal questão parece residir na própria valorização que o tribunal fará do trabalho doméstico e a apreciação da renúncia excessiva à vida profissional em benefício da vida em comum. Aliás, e como refere o comunicado da Presidência da República sobre a promulgação do diploma que altera o regime jurídico do divórcio, "*o diploma em causa, incluindo a alteração agora introduzida no artigo 1676.º do Código Civil, padece de graves deficiências técnico-jurídicas e recorre a conceitos indeterminados que suscitam fundadas dúvidas interpretativas, dificultando a sua aplicação pelos tribunais e, pior ainda, aprofundando situações de tensão e conflito na sociedade portuguesa*".

Repare-se que qualquer um dos cônjuges pode requerer esta compensação, mesmo o cônjuge que deu origem à ruptura matrimonial e ao divórcio.

Além disso, a referência à renúncia da vida profissional é duvidosa. Ora, e como aparece em qualquer Dicionário da Língua Portuguesa, renunciar é o mesmo que desistir. Parece então que o cônjuge (normalmente a mulher) que se tenha dedicado ao trabalho doméstico só será compensado pelo que contribuiu para os encargos da vida familiar de forma consideravelmente superior se tiver desistido da sua vida profissional (total ou parcialmente) ou a uma eventual mas provável profissão (por ter habilitações para a exercer). Ou seja, se o cônjuge nunca exerceu qualquer profissão nem tem habilitações para tal, nunca tendo desistido de nada, não terá direito a essa compensação ainda que os restantes pressupostos estejam preenchidos? Não terá sido essa a intenção do legislador, mas não ficou a mesma plasmada na lei. Talvez o melhor tivesse sido referir simplesmente o trabalho doméstico sem esta expressão confusa utilizada na nova redacção dada ao n.º 2 do art. 1676.º.

Depois, e em segundo lugar, a lei faz surgir um crédito de compensação de um cônjuge sobre o outro pelo que haja contribuído de forma consideravelmente superior ao que lhe competia para os encargos da vida familiar. Se um cônjuge contribuiu de forma consideravelmente superior para os encargos da vida familiar deverá, em linguagem puramente económica, ser reembolsado. Fixa-se um direito de reembolso ao cônjuge empobrecido face ao outro cônjuge. Mas só será compensado pelo que contribuiu em excesso (cabendo aos tribunais a apreciação desse "excesso" no caso concreto).

Terá, assim, e desde logo, que se apurar quanto é que o cônjuge que renunciou à sua vida profissional poderia auferir se trabalhasse ou se não tivesse abandonado o seu trabalho. Depois deverá descontar-se a esse valor o que esse cônjuge teria de contribuir para os encargos da vida familiar de acordo com o estipulado no n.º 1 do art. 1676.º. O prejuízo sofrido será o valor patrimonial apurado no final.

Finalmente, e em terceiro lugar, compreende-se que tal crédito só deva ser exigido no fim do casamento, não pelas razões que as compensações o são (a existência de um património comum impede a sua contabilização em momento anterior ao fim do regime de bens), mas, e por um lado, para evitar litígios entre os cônjuges[32] e, por outro lado, porque só nessa altura tem sentido existir tal crédito, uma vez que só com a dissolução do casamento o cônjuge ficará prejudicado e haverá que o compensar. Só com o divórcio e a dissolução do casamento surge a necessidade de compensar um dos cônjuges que poderá deparar-se com uma situação desfavorável do ponto de vista patrimonial. O prejuízo só surgirá nessa altura e, por isso, só nessa altura deverá ser admitido.

O que não se compreende é a redacção do n.º 3 do art. 1676.º dada pela nova lei. É que o legislador adaptou simplesmente as referências legais às compensações (veja-se, p. ex., o art. 1697.º em matéria de dívidas), esquecendo que está perante um crédito entre cônjuges. Por isso, não tem sentido determinar que esse crédito apenas é exigível no momento da partilha apenas nos regimes de comunhão. De facto, não é a existência de um património comum

---

[32] É, aliás, o que normalmente acontece com as acções entre cônjuges previstas na lei, apesar de nada se estipular quanto ao momento da exigibilidade (p. ex., no art. 1681.º ou no art. 1687.º). De facto, se o cônjuge credor pretender exercer o seu direito no decurso do casamento, mal anda este e o divórcio não andará longe!

que deve diferir o seu pagamento para o momento da partilha[33]. Tal crédito, a ser efeito do divórcio, só deveria, e em qualquer regime de bens, ser exigido no fim do casamento e ser regulado no âmbito dos efeitos do divórcio e não no domínio dos deveres conjugais. A intenção do legislador poderá ter sido essa, mas não é essa a letra da lei, como explicarei melhor de seguida.

b) Fundamento da determinação do crédito compensatório ao cônjuge e sua exigibilidade

A exposição de motivos do projecto de lei n.º 509/X justifica deste modo a nova redacção do art. 1676.º:

"As mudanças legislativas que agora se propõem constituem regras gerais e abstractas que se aplicam, como é sabido, a indivíduos em diferentes contextos e realidades. A direitos iguais correspondem muitas vezes diferentes condições sociais do seu exercício, reservando-se por isso, como sempre acontece em termos de direito, um papel muito relevante de compreensão e de adaptação da lei aos seus aplicadores. 30 anos depois da entrada em vigor da reforma do Código Civil de 1977 é hoje ainda evidente que à igualdade de direitos entre homens e mulheres no casamento, aí consagrada, não corresponde a igualdade de facto. Inúmeros são os indicadores que nos revelam essa desigualdade, obviamente não exclusiva da situação portuguesa. Limitamo-nos aqui apenas a sublinhar um desses indicadores que evidencia a desigualdade de contributos entre homens e mulheres para a vida familiar. De acordo com o Relatório do Desenvolvimento Humano 2007/2008 das Nações Unidas, Portugal é dos países, entre os de desenvolvimento humano elevado, com maior assimetria em desfavor das mulheres em horas de trabalho dentro e fora do mercado: elas despendem, com efeito,

---

[33] É evidente que, por força do art. 1689.º, pode aproveitar-se a partilha para pagar, não só as compensações, como os créditos entre cônjuges, aproveitando a meação do cônjuge devedor. V. Cristina M. Araújo Dias, *ob. cit.*, p. 284.

mais de uma hora e meia por dia do que os homens. Estes diferenciais de tempo já tinham sido também detectados em duas pesquisas realizadas em Portugal, que, realizadas por equipas separadas, chegaram às mesmas conclusões: somando as horas de trabalho pago com as dos cuidados com a família, as mulheres portuguesas contribuem directamente com mais horas de trabalho do que os homens. Outros dados revelavam ainda que 70% das mulheres no nosso país contribuíam financeiramente de forma decisiva para o orçamento familiar. Por último, são também as mães portuguesas aquelas que mais horas trabalhavam para o mercado de trabalho em toda a União Europeia a 15.

Está longe, da realidade portuguesa assim, o modelo de divisão do trabalho familiar que atribui ao homem papel exclusivo de provedor da família e à mulher o de ser apenas cuidadora do lar e dos filhos. Mas insista-se em que o trabalho realizado pelas mulheres no contexto familiar, hoje acumulado com o trabalho que desempenham no exterior, não é valorizado no contexto do casamento e permanece ainda mais invisível quando surge o divórcio (...). É por ter em consideração esta falta de reconhecimento e as assimetrias que lhes estão implícitas que o projecto de lei apresentado estabelece, nas consequências do divórcio, a possibilidade de atribuição de créditos de compensação, sempre que se verificar assimetria entre os cônjuges nos contributos para os encargos da vida familiar. Com efeito, sabe-se que as carreiras profissionais femininas são muitas vezes penalizadas na sua progressão porque as mulheres, para atender aos compromissos familiares, renunciam por vezes a desenvolver outras actividades no plano profissional que possam pôr em causa esses compromissos. Ora, quando tais renúncias existem, e por desigualdades de género não são geralmente esperadas nem praticadas no que respeita aos homens, acabam, a prazo, por colocar as mulheres em desvantagem no plano financeiro. Admite-se, por isso, que no caso da dissolução conjugal seria justo «que o cônjuge mais sacrificado no (des)equilíbrio das renúncias e dos danos, tivesse o direito de ser compensado financeiramente por esse sacrifício excessivo» (in, Guilherme Oliveira, (2004), Dois numa só carne, In ex Aequo, n.º 10.) Ainda neste plano, vale a pena lembrar que devido ao facto de ser às mulheres que a guarda das crianças na situação de divórcio é atribuída com muito mais frequência, as situações de perda e desequilíbrio financeiro atingem também as condições de vida dos filhos. Estas ainda se podem agravar em caso de incumprimento de assunção das responsabilidades parentais, nomeadamente quando há recusa ou atraso na prestação de alimentos. Procurar formas de aumentar o envolvimento e o protagonismo dos pais, homens, na prestação de cuidados e apoio aos seus filhos, igualmente na sequência do divórcio, é por certo assegurar melhor os direitos das crianças a manter as relações de afecto tanto com as mães como com os pais, além de assegurar também a partilha mais igualitária das tarefas entre os sexos com benefício de todos os envolvidos".

E, relativamente ao momento da exigibilidade do crédito compensatório, continua mais à frente dizendo que:

"Afirma-se o princípio de que o cônjuge que contribui manifestamente mais do que era devido para os encargos da vida familiar adquire um crédito de compensação que deve ser satisfeito no momento da partilha. Este é apenas mais um caso em que se aplica o princípio geral de que os movimentos de enriquecimento ou de empobrecimento que ocorrem, por razões diversas, durante o casamento, não devem deixar de ser compensados no momento em que se acertam as contas finais dos patrimónios."

Não posso concordar mais com o objectivo do legislador. É importante atribuir um direito de crédito ao cônjuge que mais contribuiu para os encargos da vida familiar, sobretudo com o trabalho doméstico. Aliás, começava-se a fazer sentir essa necessidade na nossa jurisprudência que tentava resolver a questão, dentro de certos limites, recorrendo ao instituto do enriquecimento sem causa[34].

Aquilo com que não concordo, como já o disse, é o modo encontrado para compensar o cônjuge que contribuiu para os encargos da vida familiar mais do que devia e o momento da sua

---

[34] V., p. ex., o ac. do STJ, de 17.01.2002 (*http://www.dgsi.pt*).

exigibilidade. Com efeito, apesar de se considerar um efeito do divórcio não parece ser isso que decorre da sua colocação no domínio dos deveres conjugais (e não nos arts. 1788.º e segs.) nem da redacção do n.º 3.

De facto, o direito de crédito em causa não parece, ao contrário da intenção do legislador, um efeito do divórcio, desde logo por estar regulado no domínio dos deveres conjugais e não no campo dos efeitos do divórcio. Mas, sobretudo, porque a nova redacção do n.º 3 do art. 1676.º permite a sua exigibilidade mesmo sem existir divórcio. Repare-se: em primeiro lugar, a lei determina que o crédito compensatório só é exigível no momento da partilha. Ora, pode haver partilha sem divórcio (pense-se o caso da simples separação judicial de bens, ou a separação decorrente do pagamento de dívidas (arts. 1696.º, n.º 1, do Código Civil, e 825.º do Código de Processo Civil), ou no caso de insolvência de um dos cônjuges). Nestes casos, e mantendo-se o casamento, a lei parece admitir a exigibilidade, em qualquer regime de bens.

Em segundo lugar, acrescenta a lei "a não ser que vigore o regime de separação". Significa então que no decurso de um casamento, que não em regime de comunhão, os cônjuges podem exigir a todo o tempo tal crédito ou então que tal crédito não é exigível no regime de separação de bens. Então, não é efeito do divórcio...[35]!

O problema foi que o nosso legislador limitou-se a transpor para esta matéria a solução encontrada para as compensações, como já o disse (p. ex., no art. 1697.º). Esqueceu que o regime dos créditos e das compensações é necessariamente diferente e se quer remeter a exigibilidade dos créditos para um momento ulterior terá de o fixar expressamente e remetê-los para o fim do casamento, como consequência do divórcio.

Portanto, a querer estabelecer um crédito ao cônjuge que contribuiu mais para os encargos da vida familiar, especialmente com o trabalho doméstico, o legislador deveria ter regulado o mesmo crédito (e até referindo mesmo que se tratava de reembolsar o ex--cônjuge que se dedicou ao lar e educação dos filhos porque é a

---

[35] E não o é no regime matrimonial de bens que mais o deveria ser, como já referi.

posição deste que na realidade a lei quer acautelar)³⁶ nos efeitos do divórcio, como, aliás, algumas legislações estrangeiras o fazem. De facto, há legislações em que o dever de contribuição para os encargos da vida familiar é regulado em termos similares e, paralelamente, como efeito do divórcio, é imposta uma prestação compensatória para compensar o cônjuge mais desfavorecido com o divórcio, nomeadamente aquele que abdicou da sua carreira profissional para se dedicar ao lar e educação dos filhos ou que contribuiu para a profissão do outro cônjuge sem uma remuneração correspondente, da disparidade criada com o divórcio na sua condição de vida. Há aí, portanto, um instituto autónomo ligado aos efeitos do divórcio. É o que acontece, p. ex., nos direitos francês (arts. 270.° e segs. do Código Civil francês) e alemão (§§ 1587.° e segs. do BGB – *Versorgungsausgleich*)³⁷. Não se trata propriamente de uma com-

---

³⁶ De facto, o direito de crédito é atribuído, com o Decreto n.° 245/X, àquele que se dedicou ao trabalho doméstico com renúncia à sua vida profissional (perdendo oportunidades profissionais avaliadas do ponto de vista económico), o que o Decreto n. 232/X não referia. Por isso, se justificou aqui o veto presidencial que referiu que *"por força do crédito atribuído pela nova redacção do n.° 2 do artigo 1676.°, o marido, apesar de ter praticado reiteradamente actos de violência conjugal, pode exigir do outro o pagamento de montantes financeiros. Se, por comum acordo do casal, apenas o marido contribuiu financeiramente para as despesas familiares, é possível que, após anos de faltas reiteradas aos deveres de respeito, de fidelidade ou de assistência, ele possua ainda direitos de crédito sobre a sua ex-mulher e que esta, dada a sua opção de vida, terá grandes dificuldades em satisfazer. O novo regime do divórcio não só é completamente alheio ao modelo matrimonial e familiar que escolheram como as contribuições em espécie que a mulher deu para a economia comum são de muito mais difícil contabilização e prova. A este propósito, sempre se coloca o problema de saber à luz de que critérios contabilizarão os nossos tribunais o valor monetário do trabalho desenvolvido por uma mulher no seio do lar"*. O problema ficaria resolvido se expressamente a lei referisse o direito de crédito do cônjuge que contribuiu de forma manifestamente superior com o seu trabalho doméstico.

³⁷ O art. 214.° do Código Civil francês consagra o dever de contribuição dos cônjuges para os encargos da vida familiar em proporção com as suas possibilidades. V., A. Colomer, *Droit Civil. Régimes matrimoniaux*, 10.ª ed., Paris, Litec, 2000, pp. 52-59. Como uma das obrigações pecuniárias que podem

pensação pelo que um dos cônjuges tenha prestado a mais para os encargos da vida familiar, mas em acautelar que o divórcio não provoca uma disparidade na sua condição de vida. Ora, se um cônjuge se dedica ao trabalho doméstico e educação dos filhos, em exclusivo ou em paralelo com a sua carreira profissional, pode ser afectada a sua condição de vida com o divórcio, dado que deixará de ter rendimentos ou passará a ter menos quando, se não se tivesse dedicado ao lar, poderia ter outros ou mais rendimentos.

Também o direito espanhol, consagra no art. 97.º do Código Civil espanhol uma prestação compensatória ao ex-cônjuge que seja prejudicado na sua situação económica como efeito do divórcio, não a confundindo com o dever de contribuir para os encargos da vida familiar no decurso do casamento. Na falta de acordo entre os ex-cônjuges, e de entre os factores a considerar pelo juiz, a fixação da prestação deve ter em consideração a qualificação profissional e a probabilidade de acesso a um emprego, a dedicação passada e

---

decorrer do divórcio para um dos ex-cônjuges, os arts. 270.º e segs. do Código Civil francês regulam a prestação destinada a compensar as disparidades da condição de vida criada pela ruptura do casamento. V., ainda que seja obra anterior à última alteração do Código Civil francês, de 6 de Agosto de 2008, J. Carbonnier, *Droit Civil. La famille. L'enfant, le couple*, vol. 2, 20.ª ed., Paris, PUF, 1999, pp. 580 e segs.

O § 1360.º, 2.ª parte, do BGB, dispõe especificamente sobre o trabalho prestado no lar (tal como o art. 1676.º, n.º 1, do nosso Código Civil), admitindo a possibilidade de um dos cônjuges contribuir para os encargos da vida familiar com o trabalho prestado no lar. Para uma análise do dever previsto no § 1360.º do BGB (*Unterhaltspflicht*), v., Beitzke/Lüderitz, *Familienrecht*, 26.ª ed., München, C. H. Beck, 1992, pp. 84-89, e Lüderitz/Dethloff, *Familienrecht*, 28.ª ed., München, C. H. Beck, 2007, pp. 61-66. Paralelamente, a presunção de renúncia ao direito de crédito pelo que prestou a mais está prevista no § 1360.ºb do BGB. Por outro lado, os §§ 1587.º e segs. do BGB regulam a prestação compensatória entre ex--cônjuges, no caso de, durante o casamento, se terem constituído para ambos ou para um deles expectativas jurídicas fundadas na duração do casamento ou na perspectiva do pagamento de uma pensão em virtude da idade ou da incapacidade laboral ou profissional. Apenas se consideram, para este efeito, as expectativas ou perspectivas constituídas ou mantidas em função do trabalho ou do património dos cônjuges. V., Lüderitz/Dethloff, *ob. cit.*, pp. 186-194.

futura de cada cônjuge à família e a colaboração com o seu trabalho na actividade mercantil, industrial ou profissional do outro cônjuge[38]. O art. 156.º do Código Civil italiano apenas refere que, como efeito da separação, o cônjuge deve manter o outro cônjuge, quando este não tenha meios de sustento próprio[39].

Talvez se o nosso legislador tivesse seguido um modelo idêntico para consagrar aquele direito de crédito do cônjuge que contribuiu de forma consideravelmente superior para os encargos da vida familiar a solução pareceria mais adequada ao efeito que se pretende. Se se quer essencialmente proteger o cônjuge que se dedicou em exclusivo ou também ao lar familiar, importa é, como efeito do divórcio, acautelar a condição de vida que tinha no decurso do casamento, não ficando prejudicado com o facto de ter contribuído para o lar familiar, sem contrapartidas. Portanto, o direito de crédito de tal ex-cônjuge deve impor-se mas como efeito directo do divórcio. Tal terá sido o objectivo do legislador, mas não resulta da letra da lei, como julgo ter demonstrado. Assim, a interpretação possível a dar ao n.º 3 do art. 1676.º será, considerando sempre tal crédito como efeito do divórcio, a de o considerar exigível nos regimes de comunhão no momento da partilha (em processo de inventário) subsequente ao divórcio. Nos regimes de separação poderá ser exigido numa acção subsequente ao processo de divórcio.

7. O direito a alimentos do cônjuge

Aquele direito de crédito atribuído ao cônjuge que contribuiu mais para os encargos da vida familiar consagrado na nova lei pode

---

[38] V., L. Díez-Picazo/A. Gullón, *Sistema de Derecho Civil. Derecho de Familia. Derecho de Sucesiones*, vol. IV, 9.ª ed., Madrid, Tecnos, 2004, pp. 132-
-134. Referem estes autores que, apesar de a lei não o declarar expressamente, esta pensão visa compensar aquele dos ex-cônjuges cuja dedicação às necessidades da família implicou uma perda de expectativas do ponto de vista económico.

[39] V., P. Zatti, "I diritto e i doveri che nascono dal matrimonio e la separazione dei coniugi. La separazione personale", in AAVV, *Trattato di diritto privato. Persona e famiglia*, sob a direcção de Pietro Rescigno, 2.ª ed., Torino, UTET, 1996, pp. 249 e segs.

funcionar em paralelo com um eventual direito a alimentos, nos termos do art. 2016.º, também este objecto de alteração legislativa e com introdução do art. 2016.º-A. Pode ler-se na exposição de motivos do projecto de lei n.º 509/X que:

"Afirma-se o princípio de que cada ex-cônjuge deve prover à sua subsistência, e de que a obrigação de alimentos tem um carácter temporário, embora possa ser renovada periodicamente. Elimina-se a apreciação da culpa como factor relevante da atribuição de alimentos, porque se quer reduzir a questão ao seu núcleo essencial – a assistência de quem precisa por quem tem possibilidades. Mas prevê-se que, em casos especiais que os julgadores facilmente identificarão, o direito de alimentos seja negado ao ex-cônjuge necessitado, por ser chocante onerar o outro com a obrigação correspondente.

Afirma-se o princípio de que o credor de alimentos não tem o direito de manter o padrão de vida de que gozou enquanto esteve casado. O casamento que não durar para sempre não pode garantir um certo nível de vida para sempre.

Estabelece-se a prevalência de qualquer obrigação de alimentos relativamente a filhos do devedor de alimentos, relativamente à obrigação emergente do divórcio em favor do ex-cônjuge".

Portanto, ainda que restringindo a possibilidade de um dos ex--cônjuges ter direito a uma pensão de alimentos do outro, e sujeitando--a apenas ao critério da necessidade, pode existir um direito a alimentos a par de um direito de crédito previsto no art. 1676.º. Aliás, os dois institutos funcionam em paralelo também noutros ordenamentos jurídicos (v., o art. 282.º do Código Civil francês, os arts. 156.º, 3.º, e 433.º e segs. do Código Civil italiano, e §§ 1569.º e segs. do BGB)[40]. A dificuldade da aplicação simultânea dos dois institutos poderá estar na concretização efectiva em cada caso real.

---

[40] No direito espanhol a lei não consagra qualquer direito a alimentos no caso de divórcio (arts. 142.º e 143.º do Código Civil espanhol). V., L. Díez--Picazo/A. Gullón, *ob. cit.*, p. 127.

Era discutido na doutrina o problema de saber qual o alcance do auxílio que se presta ao ex-cônjuge que pretende exercer o seu direito a alimentos. Ou seja, se ele apenas poderia ter a pretensão de receber aquilo que fosse indispensável ao seu sustento, vestuário e habitação (art. 2003.º, n.º 1); ou se poderia manter o nível de vida que tinha durante o casamento. Pereira Coelho e Guilherme de Oliveira[41] optavam por uma posição intermédia: o ex-cônjuge poderia aspirar a uma posição que o colocasse numa situação razoável – acima do nível de sobrevivência, nos limites de uma vida sóbria (tal como no direito italiano – arts. 438.º e 439.º do Código Civil italiano), mas provavelmente abaixo do padrão de vida que o casal tinha no decurso do casamento.

A Lei n.º 61/2008, de 31 de Outubro, veio clarificar esta questão no n.º 3 do novo art. 2106.º-A ao determinar que o cônjuge credor não tem o direito de exigir a manutenção do padrão de vida de que beneficiou na constância do casamento. Portanto, os alimentos servem apenas para auxiliar o cônjuge necessitado no momento da dissolução do casamento, sendo o critério da sua atribuição precisamente a necessidade. A disparidade do padrão de vida causada pelo divórcio poderá fundamentar uma prestação compensatória ao abrigo do art. 1676.º, destinada, como referi, a compensar as oportunidades profissionais e patrimoniais perdidas em virtude do casamento.

Também neste ponto o parecer da APMJ apresenta dúvidas quanto à justiça da opção tomada pelo legislador: *"Também o n.º 3 do mesmo artigo, que consagra o princípio de que o cônjuge credor não tem o direito de exigir a manutenção do padrão de vida de que beneficiou na constância do matrimónio, parece injustificado à **Associação Portuguesa de Mulheres Juristas**, pois o trabalho doméstico das mulheres contribuiu para o nível de vida do ex-marido, de que após o divórcio e por razões de justiça, ela e os filhos devem beneficiar, sempre que o devedor tenha possibilidades económicas para tal.*

---

[41] Pereira Coelho/Guilherme de Oliveira, *ob. cit.*, pp. 696 e 697.

Por outro lado, sempre que quando o credor tem possibilidades de continuar a assegurar o mesmo padrão em que o casal vivia, na constância do casamento, a não exigência de manutenção do mesmo nível de vida pode significar que a mulher fica numa situação de pobreza ou no limite da sobrevivência.

Na elaboração da lei, o poder legislativo tem que ter em conta o processo de aplicação da mesma pelo poder judicial, sob pena de a lei acabar por ter efeitos contrários àqueles que pretendia. E a Jurisprudência mostra que os montantes dos alimentos decretados a favor das mulheres e dos filhos fica, normalmente, muito abaixo dos custos de educar uma criança e das necessidades da mãe com a guarda dos filhos". Refere a este propósito, em nota, que mesmo nos casos em que a mulher foi doméstica, em casamentos de longa duração, alguns tribunais concedem alimentos de valor irrisório (cerca de 100€ a 125€ mensais) ou recusam mesmo alimentos (ac. do STJ, de 08.05.2008 (*http://www.dgsi.pt*)).

Artigo 2016.º

[...]

1 – Cada cônjuge deve prover à sua subsistência, depois do divórcio.

2 – Qualquer dos cônjuges tem direito a alimentos, independentemente do tipo de divórcio.

3 – Por razões manifestas de equidade, o direito a alimentos pode ser negado.

4 – ....

Artigo 2016.º-A

Montante dos alimentos

1 – Na fixação do montante dos alimentos deve o tribunal tomar em conta a duração do casamento, a colaboração prestada à economia do casal, a idade e estado de saúde dos cônjuges, as suas qualificações profissionais e possibilidades de emprego, o tempo que terão de dedicar, eventualmente, à criação de filhos comuns, os seus rendimentos e proventos, um novo casamento ou união de facto e, de modo geral, todas as circunstâncias que influam sobre as necessidades do cônjuge que recebe os alimentos e as possibilidades do que os presta.

2 – O tribunal deve dar prevalência a qualquer obrigação de alimentos relativamente a um filho do cônjuge devedor sobre a obrigação emergente do divórcio em favor do ex-cônjuge.

3 – O cônjuge credor não tem o direito de exigir a manutenção do padrão de vida de que beneficiou na constância do matrimónio.

4 – O disposto nos números anteriores é aplicável ao caso de ter sido decretada a separação judicial de pessoas e bens.

BIBLIOGRAFIA CITADA

BEITZKE/LÜDERITZ, *Familienrecht*, 26.ª ed., München, C. H. Beck, 1992.
CARBONNIER, J., *Droit Civil. La famille. L'enfant, le couple*, vol. 2, 20.ª ed., Paris, PUF, 1999.
CARVALHO, Fidélia Proença de, "O conceito de culpa no divórcio – Crime e Castigo", in AAVV, *Comemorações dos 35 anos do Código Civil e dos 25 anos da Reforma de 1977. Direito da Família e das Sucessões*, vol. I, Coimbra, Coimbra Editora, 2004, pp. 585-604.
CERDEIRA, Ângela, *Da responsabilidade civil dos cônjuges entre si*, Coimbra, Coimbra Editora, 2000.
___, "Reparação dos danos não patrimoniais causados pelo divórcio", in AAVV, *Comemorações dos 35 anos do Código Civil e dos 25 anos da Reforma de 1977. Direito da Família e das Sucessões*, vol. I, Coimbra, Coimbra Editora, 2004, pp. 605-611.
COELHO, Francisco Pereira, *Curso de Direito da Família. Direito matrimonial*, tomo I, Coimbra, Atlântida Editora, 1965.
COELHO, Francisco Pereira/OLIVEIRA, Guilherme de, *Curso de Direito da Família*, vol. I, 4.ª ed., Coimbra, Coimbra Editora, 2008.
COLOMER, A., *Droit Civil. Régimes matrimoniaux*, 10.ª ed., Paris, Litec, 2000.
CORNU, Gérard, *Vocabulaire Juridique*, 6.ª ed., Paris, PUF, 1996.
COSTA, Eva Dias, *Da relevância da culpa nos efeitos patrimoniais do divórcio*, Coimbra, Almedina, 2005.
DIAS, Cristina M. Araújo, "Responsabilidade civil e direitos familiares conjugais (pessoais e patrimoniais)", *Scientia Iuridica*, tomo XLIX, n.os 286/288, 2000, pp. 351-374.
___, *Compensações devidas pelo pagamento de dívidas do casal (da correcção do regime actual)*, Coimbra, Coimbra Editora, 2003.
DÍEZ-PICAZO, L./GULLÓN, A., *Sistema de Derecho Civil. Derecho de Familia. Derecho de Sucesiones*, vol. IV, 9.ª ed., Madrid, Tecnos, 2004.

FARINHA, António, "Relação entre a mediação familiar e os processos judiciais", *Direito da Família e Política Social*, Porto, Publicações Universidade Católica, 2001, pp. 193-203.

FARINHA, António Farinha/LAVADINHO, C., *Mediação Familiar e Responsabilidades Parentais*, Coimbra, Almedina, 1997.

GERNHUBER/COESTER-WALTJEN, *Familienrecht*, 5.ª ed., München, C. H. Beck, 2006.

HÖRSTER, Heinrich Ewald, "A Respeito da Responsabilidade Civil dos Cônjuges entre Si (ou: A Doutrina da "Fragilidade da Garantia" será Válida?)", *Scientia Iuridica*, tomo XLIV, n.º 253/255, 1995, pp. 113-124.

LIMA, Pires de/VARELA, Antunes, *Código Civil Anotado*, vol. IV, 2.ª ed., Coimbra, Coimbra Editora, 1992.

LÜDERITZ/DETHLOFF, *Familienrecht*, 28.ª ed., München, C. H. Beck, 2007.

MUÑIZ GOÑI, Miguel López, *La ejecución de sentencias em materia matrimonial. Guía práctica y jurisprudencia*, 5.ª ed., Madrid, Editorial Colix, 1997.

PINHEIRO, Jorge Duarte, *O núcleo intangível da comunhão conjugal. Os deveres conjugais sexuais*, Coimbra, Almedina, 2004.

——, *Direito da Família e das Sucessões*, vol. I, 2.ª ed., Lisboa, AAFDL, 2005.

ROCHA, Patrícia, "O divórcio sem culpa", in AAVV, *Comemorações dos 35 anos do Código Civil e dos 25 anos da Reforma de 1977. Direito da Família e das Sucessões*, vol. I, Coimbra, Coimbra Editora, 2004, pp. 561-584.

SOTTOMAYOR, M.ª Clara, *Regulação do exercício do poder paternal nos casos de divórcio*, 4.ª ed., Coimbra, Almedina, 2002.

XAVIER, M.ª Rita A. G. Lobo, *Limites à autonomia privada na disciplina das relações patrimoniais entre os cônjuges*, Coimbra, Almedina, 2000.

ZATTI, P., "I diritto e i doveri che nascono dal matrimonio e la separazione dei coniugi. La separazione personale", in AAVV, *Trattato di diritto privato. Persona e famiglia*, sob a direcção de Pietro Rescigno, 2.ª ed., Torino, UTET, 1996, pp. 101 e segs.

ÍNDICE

Nota prévia à 2.ª edição 5

Nota prévia à 1.ª edição 7

I. Introdução 9
II. Os pontos-chave da alteração legislativa 17
III. A nova lei 19
    1. A mediação familiar e a afinidade 19
    2. Abolição do divórcio com culpa 22
    3. O divórcio por mútuo consentimento 29
        A) Na conservatória 30
        B) No tribunal 33
    4. O divórcio sem consentimento (suas causas) 36
    5. O exercício conjunto das responsabilidades parentais nas questões de particular importância para a vida do filho 41
    6. O crédito compensatório ao cônjuge pela contribuição (consideravelmente superior) para os encargos da vida familiar – o trabalho doméstico 57
        6.1 Análise dos arts. 1675.º e 1676.º do Código Civil na redacção anterior à Lei n.º 61/2008, de 31 de Outubro (o dever de contribuição para os encargos da vida familiar na constância do matrimónio, em especial com o trabalho doméstico, e a presunção de renúncia ao direito de exigir uma compensação) 58
        6.2 Questão terminológica – compensações e créditos entre cônjuges. Reflexos no dever de contribuição para os encargos da vida familiar 61
        6.3 O novo regime 66

a) A alteração legislativa – a nova redacção do art. 1676.º do Código Civil e o crédito compensatório ao cônjuge pela contribuição (consideravelmente superior) para os encargos da vida familiar, designadamente com o trabalho doméstico 66

　　b) Fundamento da determinação do crédito compensatório ao cônjuge e sua exigibilidade 71

　7. O direito a alimentos do cônjuge 77

Bibliografia Citada 83

Índice 85